笑えておいしい、
カンタン作りおき！

のほほん
曲げわっぱ弁当

こころのたね。
yasuyo

はじめに

娘用に新しいお弁当箱を探していたとき、たまたま通りかかったお店で出会った丸い曲げわっぱのお弁当箱。手に取りふたを開けたその瞬間、なぜか「丸顔」に見えたのです。「このお弁当箱で顔を表現したら楽しんでもらえそう」。そう思ったのがこの曲げわっぱを迎え入れるきっかけとなりました。

当時、娘は中学2年生にさしかかるころで、受験も意識し始めるとき。部活の朝練や勉強に山盛りの宿題、塾から帰ってくるのは夜の10時過ぎ。そんな娘を見ていて「せめてお昼休み、お弁当のふたを開けたときにクスリと笑ってくれたらいいな。ホッと肩の力が抜けてくれたら……」と思っていました。元々、私に似て少しシュールなものを好む娘。娘ならきっとこの気持ちが伝わるに違いない！　そんな思いから、曲げわっぱでの顔弁作りがスタートしました。さっそく、次の日から娘に顔弁を持たせてみたところ、周りの友達や先生にも好評で、学校の様子を笑顔で話す娘を見ていると、私まで笑顔に。

その後、日々のお弁当をインスタグラムへ投稿してみたら、今度はたくさんの方から楽しいツッコミや嬉しいコメントをいただくようになり、そのころから私の気持ちは娘だけに留まらず、インスタグラムを見てくださる方々へどんどん広がっていきました。そして、このたび、皆さまのあと押しもあり、お弁当たちが一冊の本となりました。

本を作るにあたり、ただ眺めて楽しいだけでなく、一人でも多くの方に作っていただける、使っていただけるものにしようと、顔弁の手順を丁寧に撮影し、作りおきおかずのレシピも何度も作りなおし、チェックしました。

この一冊がどうぞ、皆さまの笑顔の一助となりますように！

毎日ちょこちょこ作る「作りおきおかず」が、のほほん弁当の決め手

よく「お弁当を作るのにどれくらいの時間をかけているんですか？」と聞かれるのですが、30～40分程度でしょうか。おむすびやごはんにひと手間かける分、おかずは、ほとんど夕飯の残りと「作りおきおかず」を詰めるだけ。朝、火を使って作るものといえば薄焼き卵や卵焼きくらいです。「作りおきおかず」も、まとめて作ると大変なので、日々空いた時間でちょこちょこ作り足していきます。

「作りおきおかず」には、お弁当を作る時間が短縮できるという利点もありますが、もうひとつ、ほうっておくだけで味がなじんで時間が美味しくしてくれるところもうれしいポイントですよね。

ごはんも夜炊いたらお鍋ごと冷蔵庫に入れておきます。朝起きてすぐ電子レンジで温め直し、冷ましている間におかずを詰めるのがいつもの流れ。

最後に顔むすびや顔弁当を作って完成です。

そう、朝、顔作りに集中できるのは「作りおき」を活用しているからなんです。

冷蔵庫には作りおきがぎっしり。保存容器は主にiwakiの「パック＆レンジ」を使用。ごはんは鍋ごと、煮物もときに鍋のまま入れてしまいます。

STAUB
LA COCOTTE
STAUB

もくじ

二章　曲げわっぱ弁当

三章　おうちランチ弁当

四章　作りおきおかず

- 92 しいたけのツナマヨ焼き
- 93 えびと玉ねぎのマヨ炒め
- 94 たことブロッコリーのジェノベーゼ炒め
- 95 りんごとにんじんのココナッツくるみソテー／小さなりんごパイ
- 96 にんじんとくるみのみそあえ
- 97 ツナとにんじんの粒マスタードサラダ
- 98 ポテトサラダ
- 99 さつまいものレモン煮／さつまいものはちみつバターソテー
- 100 かぼちゃのレモン煮
- 101 長いもソテーのクリームチーズ挟み焼き
- 102 ちぎりこんにゃくのピリ辛わさびソテー
- 103 厚揚げのしょうが焼き
- 104 チーズinちくわの磯辺揚げ
- 105 カラーピーマンのソテー
- 106 ピーマンと揚げとじゃこのアーモンド炒め
- 107 白菜ときくらげのナムル
- 108 春菊のピーナッツクリームあえ
- シャキシャキ小松菜とたっぷり桜えびのソテー
- ほうれん草のツナあえ
- いんげんのごまみそあえ／スナップえんどうのハーブ焼き
- ごぼうのはちみつバターソテー／ごぼうのクリームチーズあえ
- 3つの根菜のきんぴら

- 109 れんこんチップ／れんこんの甘酢漬け
- 110 赤玉ねぎのさっぱりマリネ
- 111 紫キャベツのナムル／紫キャベツのマリネ
- 112 みょうがの酢漬け／プチトマトの皮付きマリネ
- 113 飾りにんじんと大根の甘酢漬け
- 114 飾りにんじんと大根、かぼちゃのグラッセ
- 115 豆腐の彩り白玉団子
- 味たま／花たまご

[自家製調味料]
- 116 自家製めんつゆ／自家製ふりかけ 梅と大葉のしっとりふりかけ
- 117 自家製白だし
- 118 自家製ふりかけ スパイシーカレーふりかけ 桜えびのゆず風味ふりかけ
- 119 自家製マヨネーズ／自家製タルタルソース
- 120 自家製ドレッシング3種 クリーミードレッシング／韓国風ドレッシング／和風ドレッシング

- 122 かるた弁当
- 126 この本で使った基本の調味料

おわりに

[この本のルール]
- 大さじ1は15ml・小さじ1は5ml。
- 1カップは200ml。
- 保存期間はあくまでも目安です。夏場などは、なるべく早く食べきってください。
- 電子レンジは600Wのものを使用。
- フライパンは直径28cmのフッ素樹脂加工のものを使用。
- 鍋は18cmのル・クルーゼのものを使用。
- IHの2.5kwで調理(調理時間は目安)。

必要な道具

「のほほん曲げわっぱ弁当」と一般的なお弁当の違いは、
おむすびやごはんに細工をするところ。
ここで、そろえておきたい道具をご紹介します。
特別なものは必要ないのも、
「のほほん曲げわっぱ弁当」のいいところです。

1.大きいはさみ

のりや卵などを切るときに使用。キッチンばさみでも可。

2.小さいはさみ

顔むすびの目や口など、材料を小さく切り抜くときにあると便利。

3.ペーパータオル

細工に水分は大敵！ 材料が扱いにくくなってきたら、まめにペーパータオルで水けをとって。

4.はけ

ごはんにしょうゆを塗って、色付け、味付けするときに使用。

5.先の細い箸

細工を整えるときに使う箸は、先の細いものがおすすめ。

6.ピンセット

小さな目や口などの形に切り抜いたのりやカニカマをごはんにのせるときに必須のアイテムです。

7.ストロー

カニカマを丸くくり抜くときに使用。

8.楊枝

細かい修正をするときなどに使用。

9.クラフトパンチ

のりを型抜きするときに使用。文具用なので水濡れに注意。

一章
顔むすび弁当

表情豊かなおむすびたちが主役の
「顔むすび弁当」35種類を紹介します。
ふたをあけたら思わず脱力、
くすりと笑ってしまうかわいい子たち。
日々、インスタグラムにアップしている中でも、
みなさんから特に人気のある
「顔むすび」を選びました。

おひるね弁当

卵焼き毛布にくるまって、すやすやおひるねしている赤ちゃんむすびたち。

- おひるねむすび（P.18）
- ふんわりつくねバーグ（P.79）
- ひじきとれんこんのつくねバーグ（P.79）
- かぼちゃのレモン煮（P.98）
- 長いもソテーのクリームチーズ挟み巻き（P.99）
- ちぎりこんにゃくのピリ辛わさびソテー（P.100）
- 厚揚げのしょうが焼き（P.100）
- ピーマンと揚げじゃこのアーモンド炒め（P.102）
- 赤玉ねぎのさっぱりマリネ（P.110）
- 飾りにんじんと大根、かぼちゃのグラッセ（P.113）
- 飾りラディッシュ
- ねぎ入り卵焼き
- レタス

うずらハット弁当

うずらの目玉焼き帽子を小粋にかぶった
ちょびひげおじさんむすび。

- うずらハットむすび（P.18）
- 鶏肉のわさびソテー（P.83）
- りんごとにんじんの
  ココナッツくるみソテー（P.94）
- さつまいものレモン煮（P.97）
- スナップえんどうのハーブ焼き（P.106）
- 春菊のピーナッツクリームあえ（P.104）
- ごぼうのはちみつバターソテー（P.107）
- 紫キャベツのナムル（P.111）
- 飾りにんじんと
  大根の甘酢漬け（P.113）
- 花たまご（P.115）
- レタス

ファイト弁当

カニカマはちまきで気合を入れて！
娘のテストや体育大会のときに作ります。

- ファイトむすび（P.19）
- まぐろステーキ（P.91）
- ツナとにんじんの粒マスタードサラダ（P.95）
- ピーマンと揚げとじゃこの
アーモンド炒め（P.102）
- 白菜ときくらげのナムル（P.103）
- いんげんのごまみそあえ（P.106）
- 赤玉ねぎのさっぱりマリネ（P.110）
- 飾りにんじんと大根、
かぼちゃのグラッセ（P.113）
- のり巻き卵焼き
- レタス

おだんごさん弁当

カラフルなおだんごヘアで
おめかしする、おしゃれなおむすび娘たち。

- おだんごさんむすび（P.19）
- 大根とつくねのトロトロ煮（P.81）
- 鶏むね肉となすの中華炒め（P.84）
- たことブロッコリーのジェノベーゼ炒め（P.93）
- にんじんとくるみのみそあえ（P.95）
- さつまいものはちみつバターソテー（P.97）
- 紫キャベツのマリネ（P.111）
- 味たま（P.115）

赤鼻むすび弁当

愛嬌のある赤いお鼻のお兄さんむすび。
この顔を見たら、一瞬で脱力まちがいなし。

- 赤鼻むすび（P.20）
- 砂肝レモンソテー（P.84）
- 豚肉とまいたけと長ねぎの白だし炒め（P.89）
- えびと玉ねぎのマヨ炒め（P.93）
- ほうれん草のツナあえ（P.105）
- 紫キャベツのマリネ（P.111）
- 飾りにんじんと大根の甘酢漬け（P.113）
- のり巻き卵焼き
- レタス

れんこんハット弁当

前衛的なれんこんハットをかぶって、にこにこ上機嫌なおむすびたち。

- れんこんハットむすび（P.20）
- 小さなりんごパイ（P.94）
- さつまいものレモン煮（P.97）
- カラーピーマンのソテー（P.102）
- ごぼうのクリームチーズあえ（P.107）
- 紫キャベツのマリネ（P.111）
- れんこんの酢漬け（P.109）
- みょうがの酢漬け（P.112）
- 飾りにんじんと大根の甘酢漬け（P.113）
- 味たま（P.115）
- レタス

うずらハットむすび

目玉焼きは半熟にするとつややかに！
おむすびは、卵が落ちない程度の大きさで。

材料（おむすび3個分）

うずらの卵 … 3個
のり … 適量
黒ごま … 6粒
卵形のおむすび … 3個

作り方

1 うずらの卵で目玉焼きを作る。わっぱにおむすびを入れ、目玉焼きを上にのせる。

2 おむすびの目の位置にピンセットで黒ごまをのせて目にする。のりでぎざぎざひげを切り取ってのせる（P.23参考）。

おひるねむすび

のりで作った花を散らして卵毛布もかわいくクラスアップ！ フリルレタスで産毛を表現。

材料（おむすび3個分）

A 溶き卵 … 1/2個分
　塩 … 少々
のり … 適量
カニカマの赤い部分 … 適量
フリルレタス … 適量
卵形のおむすび … 3個

作り方

1 **A**を卵焼き器に流し入れ、薄焼き卵を作って3等分する。おむすびをわっぱに入れて、薄焼き卵を毛布のようにかける（P.24参考）。

2 フリルレタスの端を少し切り取って、おむすびの頭の部分にのせる。

3 のりから目とまつ毛を切り取り、カニカマの赤い部分から口になる小さな長方形を切り取っておむすびにのせる。

4 のりを花型のクラフトパンチで抜き卵の上にのせる。

おだんごさんむすび

つぶらな瞳と小さなお口。ごまやカニカマを淡々とつけてあえて無表情にするのがコツ!

材料（おむすび3個分）

好みの豆腐白玉団子（P.114）
A 溶き卵 … 1/2個分
塩 … 少々
カニカマの赤い部分 … 適量
黒ごま … 6粒
卵形のおむすび … 3個

作り方

1 **A**を卵焼き器に流し入れ、薄焼き卵を作って3等分する。おむすびに巻き（P.24参考）、わっぱに入れる。

2 おむすびの目の位置にピンセットで黒ごまをのせて目にする。カニカマの赤い部分から小さな長方形を切り取っておむすびにつけ口にする。

3 豆腐白玉団子をおむすびの頭の部分にのせる。

ファイトむすび

口角の片側をくいっと上げると、シニカルな勝ち誇った表情に。それがまた、かわいい。

材料（おむすび3個分）

A 溶き卵 … 1/2個分
塩 … 少々
カニカマの赤い部分 … 適量
のり … 適量
黒ごま … 6粒
卵形のおむすび … 3個

作り方

1 **A**を卵焼き器に流し入れ、薄焼き卵を作って3等分する。おむすびに巻き（P.24参考）、わっぱに入れる。

2 カニカマの赤い部分をはがして、細長く裂いたものを6本作る。1本をおむすびの頭の部分にはちまき状に巻いたら、もう1本を結んで鉢巻きの端に重ねてのせる。

3 おむすびの目の位置にピンセットで黒ごまをのせて目にし、のりで口の部分を切り取ってのせる。のりで「ファイト」の文字を切り取って卵の上にのせる。

れんこんハットむすび

れんこんで目が隠れないように、つける位置に注意して。ぶぶあられは色を変えるとかわいい。

材料（おむすび3個分）

れんこんのきんぴら（P.108）… 3枚
黒ごま … 6粒
カニカマの赤い部分 … 適量
A 溶き卵 … 1/2個分
　塩 … 少々
卵形のおむすび … 3個
ぶぶあられ … 6粒

作り方

1 **A**を卵焼き器に流し入れ、薄焼き卵を作って3等分する。おむすびに巻き（P.24参考）、わっぱに入れる。

2 おむすびの目の位置にピンセットでごまをのせて目にする。カニカマの赤い部分を小さく切り取っておむすびにつけて口にする。

3 卵の上にぶぶあられをのせてボタンに見立てる（このときマヨネーズをのりがわりにつけるとよい）。れんこんをおむすびの頭の部分にのせる。

赤鼻むすび

鼻にあたる小梅は縦長に見えるように中心に置くと、のんびりした人のよさそうな表情に。

材料（おむすび3個分）

小梅 … 3個
黒ごま … 6粒
白ごま … 数粒
のり … 適量
フリルレタス … 適量
卵形のおむすび … 3個

作り方

1 おむすびをわっぱに入れる。小梅の種を取って鼻にのせ、おむすびの目の位置にピンセットで黒ごまをのせて目にする。

2 のりを小さく切ってのせ、口にする。フリルレタスの端を切って頭にのせて髪の毛にする。ピンセットで白ごまを頬の部分にのせる。

お弁当のアイデアと献立は、いつ、どうやって考えるの？

明日はどんな顔弁にしようかと考える時間は、私にとって本当に楽しいひとときです。たとえば体育大会の日を控えていたら、娘がはりきる姿を想像して、はちまき姿の女の子にしようかなとか。さらに、はちまきは、カニカマにしようか薄焼き卵にしようかと思いをはせます。

おかずは野菜中心にだいたい8品くらい詰めます。なんとなく茶色くなりがちなお弁当の彩りをよくするお気に入りメニューは「紫キャベツのマリネ」(P.111) と「紫キャベツのナムル」(P.111)、そして「赤玉ねぎのさっぱりマリネ」(P.110) です。

ちょこっと入れるだけで見た目、そして味のバランスも整うので重宝しています。

写真を貼り、レシピを書き留めてファイリングしているオリジナルのレシピ帖。

適当に作ったほうがかわいく仕上がる！

「顔弁は図案を描いてから作るんですか？」と聞かれることがたまにあるのですが、とんでもない！ ひげもめがねも手やはさみで「こんな感じかな～」と適当に切っています。むしろ、おおざっぱにやったほうがのほほん感が出ますし、かわいくなるんじゃないかと思っています。適当に、ゆるりとした気持ちで作れるのも「のほほん曲げわっぱ弁当」のいいところ。多少失敗して破れても、のりはくっつきますし、形がそろってなくてもむしろ味わいは深くなり、のほほん度合いもアップ。本書の作り方ページでも、大きさの目安となるように数字を入れたところもありますが、適当でＯＫです！

ラディッシュも飾り切りをするとかわいさアップ！

顔むすび・人気もの13

顔むすびのバリエーションは豊富です！
おとぼけさんたちを一挙にご紹介。

お乳むすび

薄焼き卵を手ぬぐいにして頭にのせる。黒ごまで目、カニカマの赤い部分で頬、のりで口とお乳を。

貝殻帽子むすび

ゆでたコンキリエを帽子に、のりで口を、ぶぶあられを鼻にして、黒ごまで目を作る。

のり手ぬぐいむすび

のりで手ぬぐいと口を、黒ごまで目をつけたシンプルな顔がかわいい。

まじめくんむすび

薄焼き卵を巻いて洋服に、ぶぶあられをつけてボタンに、カニカマをめがねに、のりを口に。黒ごまをまぶして髪の毛に。

社長さんむすび

のりで薄い髪の毛とひげ、黒ごまで目、しょうゆをまぶしたかつお節で髪の毛を表現！

ほわわんおじさんむすび

黒ごまで目を、丸くくり抜いたのりでひげを、カニカマの赤い部分で口、フリルレタスのひらひら部分で髪の毛を作って。

口笛むすび

薄焼き卵を細切りにして頭の上にのせて金髪に、黒ごまを目に、紅しょうがをつけてとがった唇に。

おひめさまむすび

三角形のおむすびの下1/3にのりを巻き、黒ごまで目を、カニカマの赤い部分で口を作り、小さな梅を頭にのせて。

のんきくんむすび

のりをおむすびに巻いて、黒ごまを目に、カニカマの赤い部分を口にして、しらすをのせて髪の毛に。

親友むすび

小さな卵形のおむすびを2つ並べ、飾りにんじんと大根の甘酢漬け（P.113）を上にのせ、ぶぶあられを中心に置く。のりと黒ごまとカニカマの赤い部分で顔を作る。

パパとなかよしむすび

大きめのおむすびにのりを巻き、しょうゆをまぶしたかつお節をのせる。同じくかつお節をのせた小むすびを重ねる。黒ごまで目をカニカマの赤い部分で口を作る。

ママとなかよしむすび

卵形の大小のおむすびを並べ、赤玉ねぎのさっぱりマリネ（P.110）の刻んだものを上にのせて髪の毛に。黒ごまで目を、カニカマの赤い部分で口を作る。

ふたご毛布むすび

小さな卵形のおむすびを2つ並べて、薄焼き卵でくるむ。黒ごまで目を、カニカマの赤い部分で口を作る。レタスの端を切り取って上にのせ、髪の毛にする。

代表的な　顔むすびの作り方

代表的な顔むすびの作り方をご紹介します。難しいことを考えず、
気楽にトライしてくださいね。この作り方を知っておけば、
あれこれ応用できてオリジナルの顔むすびも作れます！

しょうゆ帽子むすび

1 卵形のおむすびのてっぺんに、はけでしょうゆを塗る。

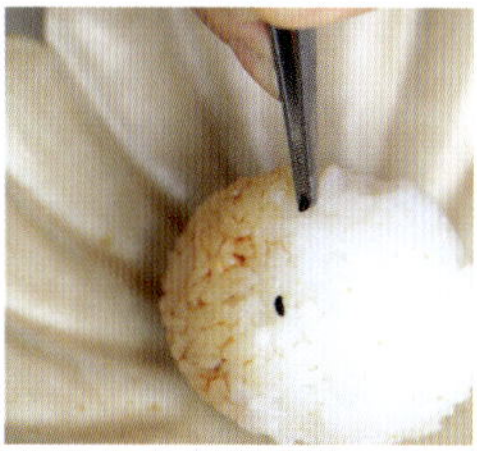

2 ピンセットで黒ごまをつまみ、目の部分にのせる。

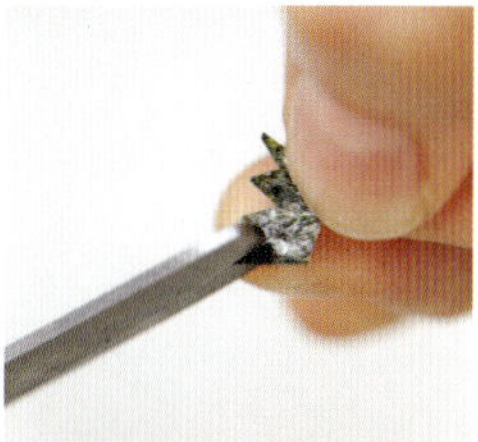

3 はさみで、のりをひげの形に切る。

4 ひげの部分にひげ形ののりをのせる。

カラフルびっくりむすび

1 卵形のおむすびのてっぺんに、ぶぶあられをつける。

2 ピンセットで黒ごまをつまみ、目の部分にのせる。

3 のりを長さ5mm程度の小さな長方形に切り、ピンセットで口の部分にのせる。

4 のりをクラフトパンチで手型に抜き、手の部分にのせる。

金髪もじゃもじゃ めがねむすび

1 卵形のおむすびをわっぱの側面にたてかけるようにして入れる。薄焼き卵を細切りにしてお箸でまとめておむすびの上にのせ、もじゃもじゃ金髪に見立てる。

2 のりをはさみで直径7mm程度の円形に2つ切り抜く。

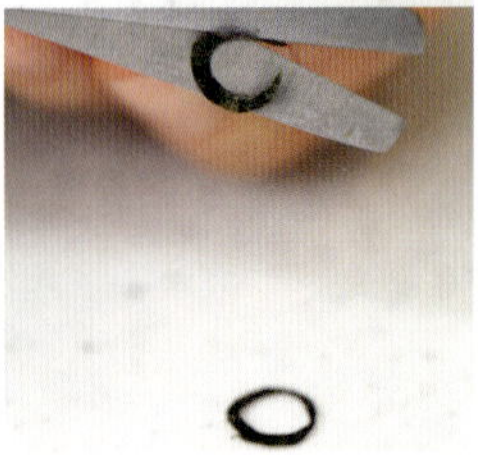

3 切り抜いた円形の中心をさらに切り抜く。のりで5～6mm長の小さな長方形を3枚作る。

4 **3**をめがねに見立てておむすびにのせる。

5 カニカマの赤い部分から口になる部分を5mm程度切り取り、口に見立ててのせる。

赤いほっぺの おむすび

1 大葉の端をはさみで切り取り、卵形のおむすびの上にのせて前髪に見立てる。

2 ピンセットで黒ごまをつまみ、目の部分にのせる。

3 のりを長さ5mm程度の小さな長方形に切り、ピンセットで口の部分にのせる。

4 カニカマの赤い部分をはがしストローで2つくり抜き、頬の部分にのせる。

5 薄焼き卵をおむすびに毛布のように巻く。

ウインナー
アロハむすび

1 ウインナーを半分に切り、下半分に5mm間隔で切り込みを入れる。

2 器にウインナーを置き、かぶるくらいの水をはって電子レンジ（600W）で約30秒加熱する。

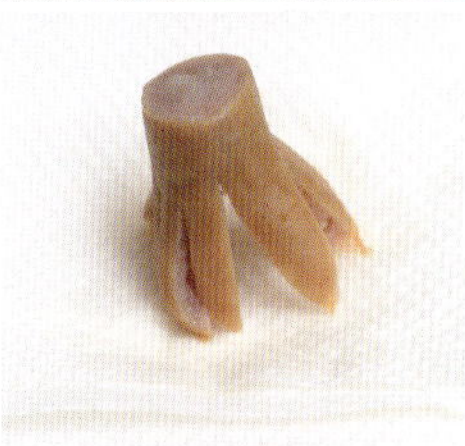

3 **2**をペーパータオルの上にのせて水けをきる。

4 おむすびをわっぱの側面にたてかけるようにして入れる。**3**のウインナーをおむすびの上にのせる。

5 ピンセットで黒ごまを目の部分にのせる。カニカマの赤い部分から5mm程度切り出し、口の部分にのせる。

ネクタイおじさん
むすび

1 卵形のおむすびをわっぱの側面にたてかけるようにして入れる。乾燥とろろ昆布適量をおむすびの上にのせ、ピンセットで黒ごまを目の部分にのせる。

2 のりをひげの形に手でちぎっておむすびにのせる。

3 カニカマの赤い部分を、ネクタイ形のパーツに包丁で切り取る。

4 **3**のネクタイをおむすびにのせる。

おかずの詰め方

丸い曲げわっぱに、彩りよく立体的に詰めていく方法を小さなコツとともに、丁寧に解説します。

※「おだんごさん弁当」(P.15)のおかず

5「**大根とつくねのトロトロ煮」のつくね**(P.81)

6 **さつまいものはちみつバターソテー**(P.97)

7「**たことブロッコリーのジェノベーゼ炒め」のブロッコリー**(P.93)

8 **紫キャベツのマリネ**(P.111)

1 **味たま**(P.115)

2 **鶏むね肉となすの中華炒め**(P.84)

3 **にんじんとくるみのみそあえ**(P.95)

4「**大根とつくねのトロトロ煮」の大根**(P.81)

1 黒ごまをのせた「味たま」を置く。

2 「鶏むね肉となすの中華炒め」を「味たま」の左に置く。バラバラになりそうなおかずは、カップに入れる。

3 「味たま」の右にカップに入れた「にんじんとくるみのみそあえ」を配置。「味たま」が動かないよう、両脇からカップで挟むことがポイント。

4 「大根とつくねのトロトロ煮」の大根を、わっぱの側面にたてかけるようにしておく。平たいものは寝かせて置かないこと。

5 「大根とつくねのトロトロ煮」のつくね2個を少しずらして上下に重ねて置く。転がりやすいつくね団子はカップに入れると安定する。

6 「さつまいものはちみつバターソテー」は、隙間にたてかけるようにして、ぐっと押し込む。このとき、少し斜めにして入れると、全体が立体的に見えて美しい。

7 ブロッコリーは、わっぱの上の隙間にぐっと押し込む。

8 仕上げに、「紫キャベツのマリネ」を中心に詰めることで、お弁当全体の印象が華やかになる。お弁当の色みが地味だなと感じたら、紫キャベツか赤玉ねぎのおかずを入れると便利!

美しく詰めるコツは、おかずをたてて立体的に入れること。細かいもの、崩れやすいおかずは小さなカップに入れて。私は何度も使えるシリコン製を愛用。

ここからは、インスタグラムで人気だった顔むすび弁当を紹介します。顔むすびのコツは、おむすびの形。一般的な三角形や俵形とはちょっと違い、ゆで卵のような形だったり、ちょっといびつな球形だったりします。のほほん具合を出すには、形が整っていなくて、大きさもそろっていないほうがいい！　ということに、作っているうちに気づきました。口やひげ、髪の毛の形などについても同じこと。

　ですから、皆さんも、肩の力をぬいて、適当〜に作ってみてくださいね。

#これでも女子中学生のお弁当

ふたをあけると、自慢のひげを誇らしげに見せるおじさんたちが現れて、娘は驚いたようです。髪の毛はしょうゆをつけたおかかとのりで。ひげはのり、目はごま、口はカニカマの赤い部分で作り、わっぱに詰めたおむすびにピンセットでつけます。

#きっちきち弁当

わっぱにきっちきちに詰められたおむすびたちが、つぶらな瞳で見上げてきます。小さめのひと口むすびを7個作り、わっぱに詰めてから、のりで髪と口を作り、黒ごまで目をつけて。

#貝殻帽子むすび弁当

貝の形をした色違いのかわいいパスタ、コンキリエをゆでて帽子に（中にはツナマヨがひそんでいます！）。帽子が落ちないようにおむすびをわっぱに詰めてからのせてください。黒ごまで目、ぶぶあられで鼻、のりで口を作ります。

#金髪もじゃもじゃめがねむすび弁当

無造作金髪ヘアに、丸めがね、赤い唇の優等生な雰囲気の男の子むすび。わっぱにおむすびを詰めてから、細切りにした薄焼き卵をのせ、のりでめがね、カニカマの赤い部分で口を作ってピンセットでのせます。

#カラフルびっくりむすび弁当

カラフルな頭とパッと開いた手で「わっ！」と驚かせているつもりのおむすびたち。カラフルなぶぶあられを頭の部分にまぶしてからわっぱに詰めて。黒ごまで目、のりで口、クラフトパンチで抜き取ったのりで手をつけます。

#シャンプー気持ちいい～弁当

このふわふわのシャンプーは一体？ その正体は、卵の白身にマヨネーズ少々を加えて混ぜたスクランブルエッグ。わっぱに、ケチャップライスむすびを詰めてから白身のスクランブルエッグを頭とひげ部分にのせ、黒ごまで目、のりで口を作ります。

#芽キャベツの貴婦人たち弁当

個性的なグリーンの帽子をかぶった、おすまし顔の小さな貴婦人たち。帽子のかぶり方もそれぞれです。わっぱにおむすびを詰めてから、半分に切ってソテーした芽キャベツを頭にのせ、黒ごまで目、カニカマの赤い部分で口を作ります。

#雪んこ弁当

マフラーを巻いて雪の中をかけまわる元気な雪んこたち。小さい丸いおむすびを6個作ってから、わっぱの中でそれぞれ2段に重ねます。大葉、薄焼き卵、カニカマの赤い部分をマフラーに見立てて巻いて。黒ごまで目、のりで口、鼻をつけます。

#起き上がりこぼし弁当

頭やほっぺをツンとつついて後ろに倒れては、ころんと起き上がる、かわいい「起き上がりこぼし」のおむすび。わっぱにおむすびを詰めてから、カニカマの赤い部分で髪の毛を、大葉で襟巻きを、黒ごまで目、のりで口をつけます。

#女子応援団弁当

学ラン姿の勇ましい（?）女子応援団です！ おむすびの下半分にのりを巻きわっぱに詰めてから、髪の部分にはけでしょうゆを塗り、カニカマの赤い部分でリボンとほっぺ、白い部分でボタン、ぶぶあられをリボンの中心にのせます。

#ダンディ黒豆弁当

何かを深く思考している様子の黒豆鼻の紳士たち。わっぱに、ボール状に形作ったおむすびを詰めてから大葉を半分に切って頭にのせて。黒豆を鼻に、黒ごまを目に、のりでひげを作ってのせます。ひげの形はお好みで。

#親玉＆ちび玉弁当

にこにこ顔の親子むすび。普通サイズのおむすびを3個（うち1個はしょうゆ味）、ミニむすびを3個作り、わっぱに詰めて。しょうゆを混ぜたかつお節で髪、いんげん豆で鼻を作り、大きい方の3個にのせ、黒ごまで目、カニカマの赤い部分で口を作ります。

#串天頭弁当

頭に丸い串天（練り物）をのせた不思議な一団現れる！ わっぱに、やや長細く形作ったおむすびを詰めてから串天をのせ、黒ごまで目、カニカマの赤い部分で口とはちまきを作ってつけます。はちまきは、串天と頭の境目に巻いて。

動物むすびいろいろ

顔むすびには、動物をモチーフにしたものも。
人気ものたちを紹介しましょう。

雪うさぎむすび

おまんじゅうのようなかわいいおむすび。俵形のおむすびを横に寝かせたら、ぶぶあられで赤い目を、大葉を切って耳を作ります。

ふくろうむすび

おむすびは、ちょっとでっぷりした俵形にして。顔以外の部分はしょうゆを塗って、黒ごまで目を、のりで羽や体の模様を薄焼き卵で口を作ります。

パンダむすび

なんだかちょっと違うけど、パンダです！ ボールの形に作ったおむすびに、黒豆の甘煮をのせて耳に、のりで目と口を作ります。

Instagram

インスタグラムで特に人気のあった動物むすびたち

#三つ子ライオン弁当

立派なたてがみは、かつお節で美味しく作ります。目や口もとを作るのりの向きや傾き加減で、同じようにのせても、違う表情を見せるのが「のほほん弁当」の面白いところです。おむすびは丸く作るとライオンらしくなります。

#ピヨピヨライス弁当

今にもピヨピヨ鳴き出しそうなとりに見立てたとりさんおむすびは人気ものです。ごはんをケチャップライスにすれば、オムライスにも！ ここでは雑穀米でおむすびを作り、雑穀米に混ざっている大豆を使ってくちばしにしました。

動物むすびの作り方

顔むすびは、動物バージョンも人気です。
どれもノートのはしっこの落書きの世界から抜け出てきたような
どこかとぼけている表情が特徴です。

ライオンむすび

1 ボール形のおむすびの周りに、しょうゆをまぶしたかつお節を置く。

2 **1**をわっぱに入れ、黒豆を中心に置き、ピンセットでごまを目の部分にのせる。

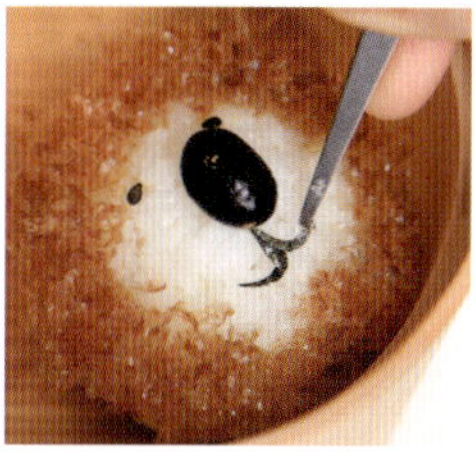

3 のりから口の形を切り抜いて、ピンセットでのせる。

4 頬の部分に、細かく切ったのりをピンセットでのせる。

とりさんむすび

1 卵1/2個で作った薄焼き卵を広げ、中心にボール形ににぎったおむすびをのせる。包丁で、おむすびよりひとまわり大きく円形に切り抜く。

2 たまごの周囲に包丁で切り込みを入れる。

3 おむすびを卵で包む。

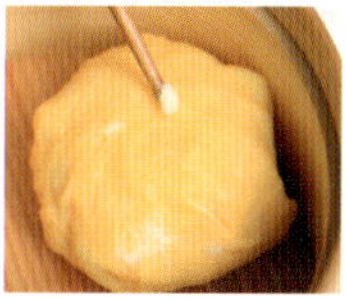

4 **3**をわっぱに入れて、マヨネーズをのりがわりに中心に塗る。中心に切り込みを入れたゆで大豆をのせる。

5 ピンセットでごまを目の部分に、フリルレタスの端を頭の部分にのせる。

6 お箸でケチャップを頬の部分にのせる。

#チューチューむすび弁当

おとぼけ顔のねずみが3匹います。三角おむすびの頂点を手前にしてわっぱに詰めたら、輪切りにしたちくわを耳に。実山椒は目に、細長く切った昆布の佃煮はひげに、梅干しは種をはずして顔の中心に置いて鼻にします。

#ニャーニャーむすび弁当

白猫と茶猫が顔をのぞかせています。大きめの俵形むすびを2個、しょうゆを混ぜたごはんでさらに2個作ったら、わっぱに詰めて。平たい三角形にした小さなごはんを上に押し付けながらのせます。目は黒ごま、ひげと口、しましま柄はのりで。

#ブヒブヒむすび弁当

「おなかがすいた、ごはんをちょうだい」と言わんばかりにブヒブヒ鼻を鳴らす子ブタたち。卵形のおむすびをわっぱに詰め、黒ごまで目を、のりで口を、カニカマの赤い部分で耳と鼻を作ります。鼻の穴はストローで抜きます。

#チュンチュンむすび弁当

巣からチュンチュン鳴きながら顔を出す、子雀たち。ボール形に作ったおむすびをわっぱに詰めたら、頭の部分にはけでしょうゆを塗って。黒ごまで目を、のりでぷっくりほっぺを、にんじんのソテーでくちばしを作ります。

#肉球弁当

猫好きにはたまらない肉球が主役のお弁当。白ごはんのボール形おむすびを2個、しょうゆごはんのおむすびを2個、ケチャップごはんのおむすびを1個、わっぱに詰めます。のりで肉球模様を作り、中心に梅干しを置いて完成です。

#ねこ稲荷弁当

フードをかぶった、どこかいばった顔つきの猫たち。俵形むすびを稲荷用の油揚げに詰めたら、顔の部分が見えるようにわっぱに詰めます。のりで目とひげと口を作り、梅干しから種をはずして顔の中心に置いて鼻にします。

#ツキノワグマ弁当

優しいツキノワグマです。おむすびは、口の周りを残してはけでしょうゆを塗り、わっぱに詰めます。チーズとのりを耳の形に切って重ね、おむすびの上にのせます。目は黒ごま、鼻筋と首の模様はのり、口はカニカマの赤い部分で作ります。

#三つ子ベアー弁当

舌をペロリと出す3匹の子熊たち。わっぱに詰めたおむすびの上に、丸く切ったチーズを置き、その上にのりで作った鼻と口をのせます。カニカマの赤い部分で舌を作って口の端にのせ、薄切りにしたちくわを半分に切って耳を作り、おむすびの上にのせます。

#コッコさん弁当

お母さん鶏と今にもひよこが生まれそうなひびの入った卵、そしてまだ時の満ちていない卵も。大きめのおむすび1個とミニサイズのおむすびを3個作り、わっぱに詰めて。チーズとのりでくちばしを、カニカマの赤い部分でトサカと頬、肉ひげを作ります。ひび割れはのりで表現。

#巨大Bee弁当

びっくりするほど大きなみつばち弁当です。やや横長にまとめたごはんの上にスライスチーズをかぶせて電子レンジ（600W）で約15秒温めたら粗熱を取ります。のりでしま模様と目を、カニカマの赤い部分で口を作ったら、フリルレタスを敷いたわっぱに詰めて。れんこんの甘酢漬け（P.109）を羽に見立ててカットし、背の上にのせます。

#かき氷弁当

いちご、メロン、レモンのシロップがかかったかき氷のお弁当です。かき氷形のおむすびをわっぱに詰め、のりでかき氷と器の輪郭を作ります。薄焼き卵、大葉、カニカマの赤い部分をシロップに見立てておむすびにのせて。

#富士山弁当

富士山から日が昇るその光景をわっぱの中で表現した豪快で景気のいいお弁当です。特大の三角おむすびを作ってのりを片側だけぎざぎざにカットして巻き、わっぱに詰めて。梅干しを日の出に見立てて山の上に置きます。

#すいかガブリ弁当

暑い夏の日にはこんなお弁当はいかがでしょう。半月形のおむすびをわっぱに詰めて半分に切った大葉をのせ、大葉の縁が少し見えるようにカニカマの赤と白い部分を重ねてすいかの赤い実を表現。黒ごまを種に見立てて散らします。

#小さいおうち弁当

いつか絵本で見たような小さいおうちに想いを馳せて。おうち型のおむすびを作ります。わっぱに詰めて、ごはんで形を作った煙突をつけます。薄焼き卵を屋根の部分にのせ、のりで瓦と煙突と窓枠を、カニカマの赤い部分でカーテンを作ります。

娘のお気に入りお弁当ランキング

2年間「のほほん曲げわっぱ弁当」を食べ続けてきた娘に、お気に入りを選んでもらいました。

1位

あめ玉弁当

ほっぺたがふくらんでてかわいい！ かわいいのツボをつかれました。

2位

黒豆ヘアのおばさん弁当

開けた瞬間「おもしろい！」って思いました。たらこ唇が好きなんです。

3位

ひょっとこ爺さん弁当

ちくわが本当に手ぬぐいのかぶりものに見えて、リアルですごいなと。

4位

裸ん坊's弁当

小さい顔が詰まってかわいいなって。友達は、私に似てるって言います。

5位

栗坊弁当

つんつんつつきたくなるような、ふんわりしたほっぺがかわいくて好き。

6位

はちまきガール弁当

体育大会のときのお弁当です。応援されてる感じがして頑張れました。

7位

おじさまたち弁当

お気に入りのマスコットそっくりに作ってくれました！

8位

えかきうた弁当

レトロな感じが、かわいいと、友達からも人気です。

9位

ねぐせ弁当

よくこんなこと思いつくなって。リアルで驚きました。

10位

夫婦鳥弁当

マカロニで作ったとんがった口がすごくかわいい！

ちょっと恥ずかしかったお弁当は？

お弁当箱のふたをあけた瞬間、「やばいやばい！」と言って、慌てて食べたお弁当だそうです。

1位

もじゃもじゃさん弁当

毛むくじゃらが恥ずかしくて、見た瞬間、昆布から慌てて食べました！

2位

ならの大仏弁当

まず「大仏」っていうのが恥ずかしい！ でも、のりの五重の塔はすごい！

3位

ゴリラ弁当

これも毛むくじゃらがいっぱいいる！ と、なんか恥ずかしかったんです。

✉ 娘のここちゃんからのメッセージ

お弁当箱がわっぱに変わって、初めて顔弁を見たときは驚きましたが、もう慣れました。毎日毎日、よくこんなこと思いつくなあ、すごいなあって思います。友達からは「写真撮らせて！」ってよく言われますし、担任の先生は、お弁当をのぞきにきては「これはアートやな」って。

お母さんは、高校生になったらもう顔弁は子供っぽいかなとか、周りの様子を見てから作ったほうがいいかなと言ってたんですが、私は「これからも作って！」とお願いしました。

交換日記

小学5年生のときから始めたお母さんとの交換日記。気が向いたときに、お弁当の感想を書いています。ときどきお兄ちゃんも参加。

冷凍保存でお弁当作りの時間短縮！

冷凍庫に常備しておくことで、毎日のお弁当作りが楽になる、そんな時間短縮アイテムをご紹介します。

冷凍庫には、保存袋や保存容器に入れたお役立ち冷凍アイテムが詰まっています。材料を使い切って無駄を出さない秘訣は、冷蔵・冷凍庫内をひと目で分かるように整理しておくことです。

ゆずの皮

ゆずの皮を少量ずつラップに包み、保存容器に入れる。約1ヵ月冷凍保存可。

豆腐の彩り白玉団子

豆腐の彩り白玉団子（P.114）は、冷蔵だとかたくなるので必ず冷凍で。約1ヵ月冷凍保存可。

ミニハンバーグ

焼いてトマトソースにからめた状態で冷凍しておくと便利。約1ヵ月冷凍保存可。

パセリ

パセリをよく洗い、水けをしっかり拭き取る。保存袋に入れ冷凍し、袋の上から潰して粉々にする。約1ヵ月冷凍保存可。

万能ねぎ

万能ねぎの小口切りを冷凍。おかずにさっと散らす。約1ヵ月冷凍保存可。

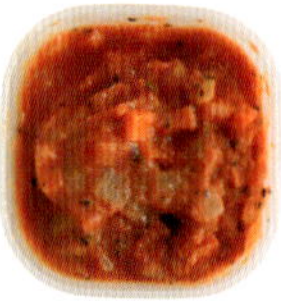

トマトソース

小分けにして冷凍し、お肉やパスタにかけたりあえたりする。約2週間冷凍保存可。

材料（約580g）

玉ねぎ … 200g（約1個）
にんじん … 100g（約1/2本）
菜種油 … 小さじ1
A トマト缶（カット）… 400g（1缶）
　ハーブソルト … 小さじ1/2
　ケチャップ … 大さじ2
　自家製マヨネーズ（P.118）… 大さじ1
　黒こしょう・乾燥バジル … 各少々
　コンソメ（顆粒・化学調味料無添加）… 小さじ1

作り方

フライパンに油をひいて熱し、みじん切りにした玉ねぎと5mm角に切ったにんじんを入れて中火で10分炒め、**A**を加えて5分煮る。

二章

曲げわっぱ弁当

丸い曲げわっぱにごはんを敷き詰めて、
絵を描くようにおかずを盛り付けていく。
あるいは、曲げわっぱと同じくらい
大きなおむすびをドンと詰めて、
そのうえに食材を重ねてキュートな顔を作り上げる。
どこからお箸を入れたらいいのか迷ってしまう
かわいい顔弁当です。

ちぎりひげのアフロおじさん弁当

ファンキーなおかかアフロヘアに素敵な口ひげ。
めがねの奥の瞳は……見えない。

- ちぎりひげのアフロおじさんごはん（P.48）
- 牛肉としいたけのピリ辛炒め（P.88）
- りんごとにんじんのココナッツくるみソテー（P.94）
- さつまいものレモン煮（P.97）
- スナップえんどうのハーブ焼き（P.106）
- れんこんチップ（P.109）
- 紫キャベツのマリネ（P.111）
- 飾りにんじんと大根の甘酢漬け（P.113）
- ねぎ入り卵焼き
- レタス

横向き坊っちゃん弁当

いがぐりぼうず頭に、ぷっくりほっぺた。
いつかどこかで会ったことがあるような？

- 横向き坊っちゃんごはん（P.49）
- にんじんと大葉のチーズin鶏ロール（P.80）
- カラーピーマンのソテー（P.102）
- 春菊のピーナッツクリームあえ（P.104）
- ごぼうのクリームチーズあえ（P.107）
- 飾りにんじんと大根の甘酢漬け（P.113）
- 紫キャベツのマリネ（P.111）
- 花たまご（P.115）
- レタス

ウインクおじさん弁当

長めの前髪からつぶらな瞳がウインク。
おかかのもじゃもじゃひげもキュート！

- ウインクおじさんごはん（P.50）
- ひじきの肉みそ（P.85）
- たまごinミートローフ（P.87）
- ポテトサラダ（P.96）
- ピーマンと揚げと
じゃこのアーモンド炒め（P.102）
- いんげんのごまみそあえ（P.106）
- 赤玉ねぎのさっぱりマリネ（P.110）
- 飾りにんじんと大根、
かぼちゃのグラッセ（P.113）
- 豆腐の彩り白玉団子（P.114）

金髪めがねさん弁当

輝く錦糸卵のふわふわブロンドヘアがかわいい、めがねガール。

- 金髪めがねさんごはん（P.51）
- タンドリーチキン（P.82）
- ひじきの肉みそ（P.85）
- ツナとにんじんの粒マスタードサラダ（P.95）
- ポテトサラダ（P.96）
- いんげんのごまみそあえ（P.106）
- 3つの根菜のきんぴら（P.108）
- 赤玉ねぎのさっぱりマリネ（P.110）
- 飾りにんじんと大根、かぼちゃのグラッセ（P.113）
- 味たま（P.115）
- 飾りレモン
- レタス

黒豆ヘアのおばさん弁当

ぷっくりした甘い黒豆のパンチパーマに、
梅の香りのするふっくらした唇が魅力的。

- 黒豆ヘアのおばさんごはん（P.52）
- 巾着煮びたし（P.86）
- 骨ごといわしの野菜たっぷり南蛮漬け（P.90）
- しいたけのツナマヨ焼き（P.92）
- たことブロッコリーのジェノベーゼ炒め（P.93）
- さつまいものはちみつバターソテー（P.97）
- れんこんの甘酢漬け（P.109）
- 味たま（P.115）

昆布にいさん弁当

風になびく昆布の細切りヘアに
つぶらな瞳のおにいさんの表情に心のコリもとれる。

- 昆布にいさんごはん（P.53）
- たことブロッコリーのジェノベーゼ炒め（P.93）
- チーズinちくわの磯辺揚げ（P.101）
- シャキシャキ小松菜とたっぷり桜えびのソテー（P.105）
- れんこんチップ（P.109）
- 紫キャベツのマリネ（P.111）
- プチトマトの皮付きマリネ（P.112）
- 飾りにんじんと大根の甘酢漬け（P.113）
- ねぎ入り卵焼き

ちぎりひげのアフロおじさんごはん

しょうゆを含ませたかつお節とのりを
組み合わせた、新しい形の「のり弁」。

ちぎりひげの
アフロおじさん弁当

顔わっぱの作り方

材料（わっぱ1個分）

のり … 適量
かつお節 … 適量
しょうゆ … 適量
冷ましたごはん … 適量

1 わっぱにごはんを詰める。しょうゆを混ぜ合わせたかつお節をわっぱに沿わせてのせる。

2 のりをはさみでめがねの形に切り取ってピンセットでごはんの上にのせる（P.51参考）。

3 のりをひげの形に手でちぎってごはんの上にのせる。

横向き坊っちゃんごはん

のりで形作る顔のラインはお好みで！
見た目も味も昔なつかしいごはん。

横向き坊っちゃん弁当

材料（わっぱ1個分）
のり … 適量
黒ごま … 適量
うずらのゆで卵 … 半個
梅干し … 1個
冷ましたごはん … 適量

1 わっぱにごはんを詰める。のりを細長く切り、顔のりんかくになるようにのせ、黒ごまをふる。

2 のりを直径5mm程度の円形に2枚切り取り、目に見立ててのせる。1cm程度の長さに切り取って口の部分にのせる。

3 梅干しを鼻の部分にのせ、うずらのゆで卵を頬の部分にのせる。

ウインクおじさんごはん

大葉の香りがごはんに移って、味わいさわやか。
ウインクしているまぶたのカーブ度合いで表情が決まります。

1 わっぱにごはんを詰める。大葉を半分に切り、わっぱの上の部分に沿ってのせる。ぎざぎざの部分を下にして髪の毛に見立てる。

材料（わっぱ1個分）

のり … 適量
梅干し … 1個
かつお節 … 適量
しょうゆ … 適量
大葉 … 1枚半
冷ましたごはん … 適量

2 梅干しを鼻の部分にのせる。その下にしょうゆと混ぜ合わせたかつお節を輪にして置く。のりを1cm程度の長さに切り取って口の部分にのせる。

3 のりをまつ毛と直径5mm程度の円形に切り取りウインクした目に見立ててのせる。

金髪めがねさんごはん

細く切った薄焼き卵を無雑作に入れることで、
金髪のふわふわ感を表現します。

金髪めがねさん弁当

材料（わっぱ1個分）

A 溶き卵 … 1/2個分
塩 … 少々
のり … 適量
カニカマ … 適量
冷ましたごはん … 適量

1 **A**を卵焼き器に流し入れ、薄焼き卵を作り、3mm幅程度の細切りにする。わっぱにごはんを詰めて、細切りにした卵を髪の毛に見立ててのせる。

2 のりをめがねに見立てて切り、ごはんの上にのせる。

3 カニカマの赤い部分を1.5cm程度切り取って口に見立ててのせる。

黒豆ヘアのおばさんごはん

閉じた目とかわいいまつ毛は、市販のお寿司や
お弁当に入ってるバランの形を参考に。

材料（わっぱ1個分）

黒豆 … 10～12粒
のり … 適量
黒ごま … 2粒
梅干し … 1個
冷ましたごはん … 適量

1 わっぱにごはんを詰める。黒豆を髪の毛に見立ててのせる。

2 のりを閉じた目に見立てて切り抜き、ごはんの上にのせる。黒ごまを鼻に見立ててのせる。

3 梅干しは梅肉を半分に切り、口に見立ててのせる。

昆布にいさんごはん

だしをひいて余った昆布をまとめて佃煮に
したものを使用。髪の毛に変身です。

昆布にいさん弁当

材料（わっぱ1個分）

昆布の佃煮… 適量
うずらのゆで卵 … 半個
のり … 適量
レタス … 適量
冷ましたごはん … 適量

1 わっぱにごはんを詰める。昆布の佃煮を髪の毛に見立ててのせる。

2 うずらのゆで卵を鼻の部分にのせる。

3 レタスの端をちぎってひげに見立ててのせる。

4 のりを小さな円形2つに切り取り、目に見立ててのせる。のりを1cm長の長方形に切り取り、口に見立ててのせる。

顔むすびに比べて、顔わっぱは目やめがね、ひげ、口などのパーツが大きいので、切り抜きがしやすく、細工がより簡単です。顔弁当作り初心者さんは、まずはこちらから作ってみるといいかもしれません。

顔以外に、季節の風物詩や情景などを、お弁当箱の中に描くことができるのも、わっぱ弁当のいいところです。

絵を描くように、日記を書くように、作ってみると、アイデアがいろいろ浮かんできます。

#元気アフロガール弁当

2色そぼろ弁当が、キュートな顔弁に！　口角をきゅっと上げて「がんばって」のメッセージを込めて。ごはんを詰め、アフロヘアスタイルに肉そぼろ、顔の部分に炒り卵をのせます。のりで目、紅しょうがで口と頬を作ります。

#7:3分け弁当

髪の毛を7:3に分けた、気の優しい好青年です。わっぱに詰めた白いごはんの上にぶりの照り焼きをどんとのせて髪の毛に。実山椒で目、昆布で口、梅干しで鼻、白ごまで頬を作ります。口角はきゅっと上げて、スマイルに！

#ひょっとこ爺さん弁当

おでんに使う大きなちくわで、コミカルなひょっとこを作りました。ケチャップごはんで色付けしたごはんをわっぱに詰めて。ちくわでほっかむりと口、のりでおでこのしわと眉毛、ちくわとのりで目と鼻、カニカマの赤い部分で頬を作りました。しょうゆごはんにしても美味しい。

#ガリ勉子ちゃん弁当

お勉強が大好きな女の子。しょうゆを少し混ぜたごはんをわっぱに詰めて、のりで髪の毛とめがねを、カニカマの赤い部分で口と頬を作ります。ヘアアクセサリーは、花形に抜いた大根の甘酢漬け(P.113)の中心にぶぶあられを置きました。

#夢見る女の子弁当

目をつむり、何かを思っているかのような女の子です。わっぱにごはんを詰めて、せせりのハーブ焼きを髪の毛にして、いちょう切りにしたレモンをヘアアクセサリーにして添えます。のりで目、梅干しで鼻、紅しょうがで口を作ります。

#栗ばあちゃん弁当

蒸し栗で作ったおだんごヘアがかわいいおばあちゃん。大きいおむすびをわっぱに詰め、昆布をのせて髪の毛にして、皮をむいた蒸し栗を頭の部分にのせます。実山椒で目、のりでしわをカニカマの赤い部分で口、赤いぶぶあられでヘアアクセサリーを作ります。

#おだんごガール弁当

働き者のおだんご娘です。やや横長の大きなおむすびの頭の部分にのりを巻き、小さめのおむすびは全体をのりで包みわっぱに詰めます。実山椒を目、のりを口、カニカマの赤い部分を頬に。白いぶぶあられを並べてヘアアクセサリーに見立てて。

#かっぱ弁当

きっとどこかにいるはず（？）のかっぱ。大きいおむすびをわっぱに詰めてレタスを頭にのせ、花型に抜いたチーズとのりを重ねてレタスの上に。のりで目と口、パプリカの黄色で口元、黒ごまで鼻、カニカマの赤い部分で頬の渦巻きを作って。

#昆布男爵弁当

ひげ自慢、豊かな髪の毛自慢の気品あふれる昆布男爵です。大きいおむすびをわっぱに詰めて昆布の佃煮を髪の毛の部分にのせます。実山椒を目、梅干しを鼻に見立ててのせ、のりをひげの形に切り抜いて、おむすびの上に貼ります。

#ツインおだんごガール弁当

思わずつつきたくなるぷにぷにほっぺの女の子。くりくりのおだんごは花たまごで。大きいおむすびをわっぱに詰め、薄焼き卵を頭にかぶせて両サイドに花たまご（P.115）を置いて。実山椒で目、カニカマの赤い部分で口と頬を作ります。

溶き卵1個分と塩少々を混ぜた卵液で薄焼き卵を2枚作り、うち1枚の半分を前髪に。

残りの1枚で2つの「花たまご」（P.115）を作っておだんごに。

頬はカニカマの赤い部分を丸く切って作る。

変わり顔わっぱ弁当

インスタグラムで発表した中でも、変わり種顔弁当として人気の高かったこちらの作り方を丁寧にご紹介しましょう。

泥パックごはん

ごはんの上に敷いたのりは、時間がたつと少し縮むので
多少大きくてもOKです。

材料（わっぱ1個分）

A 溶き卵 … 1/2個分
　塩 … 少々
ぶぶあられ … 2粒
のり … 適量
冷ましたごはん … 適量

作り方

1 紙にわっぱをあてて、ペンでなぞり円形に切り抜く。円形の紙に合わせてのりを切り抜く（**a**·**b**）。

2 円形に切り抜いたのりにはさみをいれて、目と口の部分を切り抜く（**c**·**d**）。

3 わっぱにごはんを詰め、**2**ののりをのせる（**e**）。

4 **A**で薄焼き卵を作って、はさみで写真のような形に切り（**f**）、頭の部分にのせる（**g**）。

5 ぶぶあられをピンセットで鼻の部分にのせる（**h**）。

6 のりで目と口を作ってのせる。

人気の動物わっぱごはん

顔わっぱ弁当は動物バージョンも人気。比較的簡単に作れて愛嬌のある、人気ものたちベスト4をご紹介。

ブルごはん

1 わっぱにごはんを詰めて、黒豆を2粒耳に見立ててのせる。

2 小さめの梅干しを鼻に見立てて顔の真ん中にのせる。

3 のりで目やしわの形を切り抜いてのせる。

4 ひげの部分に黒ごまをのせる。

さるごはん

1 わっぱにごはんを詰める。しょうゆをからめたかつお節をわっぱのまわりにのせる。

2 のりで、目や口などの形を切り抜いてのせる。

3 黒ごま2粒を鼻に見立てて顔の真ん中にのせる。

4 3〜4cmの長さに切ったのりをおでこに3本のせる。

ねこごはん

1 わっぱにごはんを詰めて、中心にゆで大豆を1粒のせる。

2 大葉の端を切り取って、耳の位置にのせる。

3 昆布の佃煮4本をひげに見立てて大豆の両脇に置く。のりで目や口を作り、黒ごまをゆで大豆の下にのせる。

いぬごはん

1 ボウルにごはんとしょうゆ少々を入れて混ぜ合わせ、わっぱに詰める。黒豆を耳に見立ててのせる。

2 うずらの目玉焼きを中央にのせ、黒ごまを白身の上にのせる。

3 のりを円形に切り取って目の位置に置き、カニカマの赤い部分を涙形に切り取って目玉焼きの下にのせる。

動物わっぱ弁当いろいろ

パンダ弁当

ふたをあけたときのインパクトは大！作り方は簡単なので顔弁作りデビューにおすすめです。わっぱに白いごはんを詰め黒豆で目の周りの模様を、円形に切ったチーズとのりを重ねて目、のりで耳と鼻と口を作ります。

ぶた弁当

渦巻きほっぺがかわいい、癒し顔がポイントです。わっぱにごはんを詰め、ゆでたコンキリエで耳、実山椒で目、赤いこんにゃく（ここではおかずから拝借）で鼻、黒ごまで鼻の穴、のりで口、カニカマの赤い部分で渦巻き頬を作ります。

#ラッコ弁当

色違いのごはんで作った大作。ラッコのおとぼけ顔がポイントです。しょうゆを混ぜて色付けしたごはんでラッコの形を作り、白いごはんの上にのせます。黒ごまで目、のりで耳と鼻、ひげと手足と揺れる水面を作り、チーズとのりで貝を作ります。

#たこ弁当

お茶目なたこです。カニカマの赤い部分でたこの頭のりんかく、にんじんとくるみのみそあえ（P.95）10本！で足を作ります。カラーピーマンのソテー（P.102）の上に白いぶぶあられを並べ、水玉はちまきに。ごぼう天を口にし、のりで目を作ります。

#黒米さる弁当

白いごはんのほかに紫色にたきあがる黒米も使いました。わっぱに白いごはんを詰め、黒米ごはんを、さるの顔の形になるようまわりにぐるっとのせます。実山椒で目を、のりでおでこのしわと口を作り、黒ごまを鼻にします。

#あひる弁当

人気のオムライスの動物わっぱ版です。わっぱにケチャップと塩、こしょうで炒めたごはんを詰め、わっぱの形に切った薄焼き卵をのせます。のりで目、ゆでマカロニで口を作り、チーズを頬に、頭にちぎったレタスをのせます。

曲げわっぱ弁当いろいろ

#獅子舞弁当

新年早々に作りました。ごはんの上に大葉をのせ、カニカマの赤い部分で顔を、白い部分で口と白目と衣装の模様を作ります。模様は、ストローで抜いたものを組み合わせて作成。のりで眉毛、歯、耳、足を、黒ごまで鼻を作り、頭の上に大葉をちょこんと置きます。

#格子模様弁当

笑える要素はないのですが、たまには、こんなお弁当もいかがでしょう。わっぱに白いごはんを詰めて、薄焼き卵を格子柄に置き、空いたスペースに黒ごまをふるだけ！

#あじさい弁当

じめじめした梅雨もこんなお弁当があれば楽しい気持ちに。黒米ごはんをわっぱに詰めて半分に切った大葉を2枚置きます。花形に型抜きした紫キャベツをあじさいの花に見立てて並べ、チーズの上に細切りにしたのりをうず巻き状態にのせてかたつむりを作成。

#キャンディー's弁当

キャンディー形のマカロニを見つけた瞬間閃いたアイデアです。ゆでたマカロニにツナマヨを詰め、黒ごまで目、カニカマの赤い部分で口を作りごはんの上にのせます。空いたスペースにゆでたスナップえんどうの小さな豆を散らします。

#ヨーヨーすくい弁当

夏祭りでのもうひとつの思い出、ヨーヨーすくいも描いてみました。レタス、紫キャベツ、薄焼き卵、カニカマの赤い部分で風船を作ります。それらの切れ端を重ねて模様をつけ、ぶぶあられをのせて水玉模様を作り、ゴムの部分はのりを使って。

#金魚すくい弁当

夏祭りでの楽しかった金魚すくいを思い出して。金魚がひらひらと気持ちよく泳いでいるかのようなイメージです。のりで出目金と水面の揺れを、大葉で水草を作ります。カニカマの赤い部分で金魚の形を作ったら黒ごまで目をつけて完成。

#打ち上げ花火弁当

ふたをあけた瞬間ドーンと音が聞こえるようなイメージで。ごはんの上にわっぱに合わせて切ったのりを敷き（P.58参考）、色分けしたぶぶあられを丸い形に並べて花火の形を作ります。マヨネーズで下書きして上にのせるとずれにくいです。

#七夕弁当

7月7日に願いをこめて作ります。ごはんの上にわっぱに合わせて切ったのりを敷いて（P.58参考）。万能ねぎと大葉で笹を、紫キャベツ、薄焼き卵、カニカマで短冊を作ってのりの上にのせていきます。仕上げにぶぶあられを星に見立てて散らします。

お弁当箱とおうちランチ用プレート

お弁当に使っている丸い曲げわっぱと、おうちランチ用のプレートについてのお話。

曲げわっぱ

秋田杉で作られた二段の曲げわっぱ。おかずは上の段に、ごはんは下に。丸形がかわいくて気に入っています。ネットショップなどで購入できます。

中学生になってお弁当生活が始まった娘。お弁当箱を曲げわっぱに変えたのは中学2年生のとき。私の好みです。娘は、最初「昔風だなあ」と思っていたそうですが、今は慣れたとか。曲げわっぱのいいところは、使えば使うほど味わいが出てくるところ。曲げわっぱを使い続けることで、昔ながらの文化や技術などの良さを感じ、大切に思う気持ちが育ってくれたらうれしいなと思っています。

おうちランチ用とケータリング用の器

木製のプレートは、上に小皿や小鉢を置いて立体的に盛り付けることで見栄えがします。籠は500円程度で購入。お買い得品でした。

家でのランチは、夕食の残りや、お弁当に詰めきれず余ってしまった作りおきおかずがメインですから、それらを並べただけの「残りものごはん感」を出さないようにしたいなと思っています。ポイントは、器にちょっとだけこだわること。我が家では木製のプレートや籠、竹の葉や和紙などを活用しています。

ときどき友人からリクエストのあるケータリングにも、籠弁当は好評です。

三章
おうちランチ弁当

土日や休日に家で食べるランチも
籠やプレートにのせてお弁当スタイルにすると
ひと手間かけたごちそうに見えるから不思議です。
実は、お弁当に詰めきれなかった作りおきおかずを
並べているだけということも多いのですが……。
また、インスタグラムでおうちランチを見た知人から
ケータリングを頼まれたこともありました。
みなさんの、休日ランチの参考になったらと思います。

だるまプレート

横長の木のプレートに笹の葉を敷いて、
作りおきおかずを並べただけの簡単ランチです。
いいことがありそうなだるまごはんが主役。

- だるまむすび
※作り方はP.68を参照してください。
- にんじんと大葉のチーズin鶏ロール（P.80）
- 鶏肉のわさびソテー（P.83）
- 牛肉としいたけのピリ辛炒め（P.88）
- 小さなりんごパイ（P.94）
- さつまいものレモン煮（P.97）
- カラーピーマンのソテー（P.102）
- 春菊のピーナッツクリームあえ（P.104）
- ごぼうのクリームチーズあえ（P.107）
- れんこんの甘酢漬け（P.109）
- 紫キャベツのマリネ（P.111）
- みょうがの酢漬け（P.112）
- 花たまご（P.115）
- のり巻き卵焼き

手毬むすびの籠ランチ

籠をお弁当箱にして盛り付けます。
下に抗菌フィルムなどを敷くと
盛り付けやすく、汁もれなども防げるので便利です。

- 手鞠むすび

［作り方］
丸く小さいおむすびを3個作る。紫キャベツ、薄焼き卵、大葉、のり、カニカマの赤い部分を細切りにし、おむすびに交差させるようにのせて模様をつける。中心にぶぶあられをのせる。

- にんじんと大葉のチーズin鶏ロール（P.80）
- 牛肉としいたけのピリ辛炒め（P.88）
- りんごとにんじんのココナッツくるみソテー（P.94）
- 小さなりんごパイ（P.94）
- さつまいものレモン煮（P.97）
- カラーピーマンのソテー（P.102）
- 春菊のピーナッツクリームあえ（P.104）
- スナップえんどうのハーブ焼き（P.106）
- ごぼうのはちみつバターソテー（P.107）
- れんこんの甘酢漬け（P.109）
- 紫キャベツのナムル（P.111）
- 飾りにんじんと大根の甘酢漬け（P.113）
- 味たま（P.115）
- 花たまご（P.115）

だるまむすび

カニカマを使っておめでたいだるまむすびに。
試験や発表会に備えた勝負弁当にいかがでしょう。

材料（1個分）

カニカマの赤い部分 … 7～8本分
ボール形のおむすび … 1個

作り方

1 カニカマから赤い部分をはがす（**a**）。

2 直径6～7cmのボール形のおむすびの表面に顔の部分をあけて**1**を貼り付けていく（**b**）。

2 カニカマの白い部分と赤い部分にはさみをいれて「福」の文字と模様を作って貼り付ける。

4 のりをひげ状にちぎってのせる。さらに、はさみで直径1cmの丸形を2つ切り抜き、それよりもひと周り小さい丸の内側を切り抜いたものを2つ作り、目に見立ててのせる。

（a）

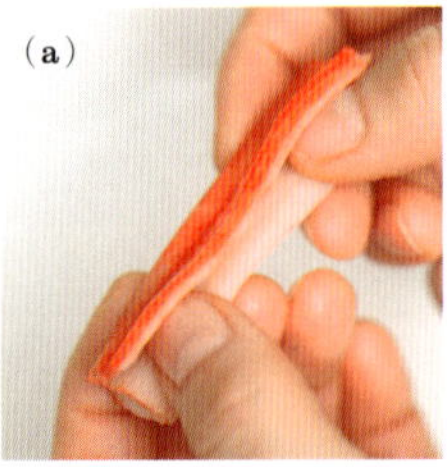

（b）

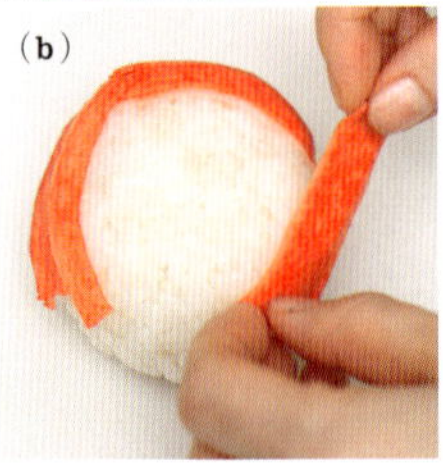

#カナッペプレート

余った食材整理も兼ねたランチメニューです。バゲットの上にのせたのは、**A·I** うずらの目玉焼きとウインナーソテーとアスパラソテー/**B** 長芋といくら、しめじのソテー、万能ねぎ、すりおろししょうがとかつお/**C** クリームチーズと大葉とキムチとのり/**D·F** アボカドと小えびのソテーといんげん豆とクリームチーズ/**E** 紫キャベツとプチトマトのマリネ/**G** 大葉とクリームチーズといくら/**H** ラディッシュとスナップえんどうのソテーと粒マスタード、紫キャベツ

#栗むすびプレート

秋を感じ始めたら作ります。ごはんを栗の形にし、上半分にしょうゆをはけで塗り、下半分に黒ごまと白ごまをそれぞれふります。栗の形にするコツはとがらせた先をちょっと片側に傾けること。しょうゆとごまの香ばしがさ好相性で、お気に入りです。

#さんまの塩焼きプレート

新鮮なさんまを焼き、すだちをぎゅっと搾っていただきます。しし唐のハーブソルト焼きや晩御飯の残りの野菜の煮物、卵焼き、納豆、紫キャベツのナムル（P.111）、れんこんの甘酢漬け（P.109）などを添え、黒米ごはんの三角おむすびを合わせて。

#秋鮭プレート

脂ののった塩鮭がメインのおかず。おかずは、しし唐のしょうゆ焼きやツナマヨに刻みねぎを混ぜた副菜、紫キャベツのマリネ（P.111）、れんこんの甘酢漬け（P.109）、豆腐の彩り白玉団子（P.114）など。ごはんは三角おむすびです。デザートには、柿といちじくを添えて秋の味覚を堪能。

#鰆の塩焼きプレート

焼いた鰆に大根おろしを添えて。おかずは、夕食の残りの肉じゃがや、あおさ入り卵焼き、紫キャベツのナムル（P.111）、みょうがの酢漬け（P.112）、塩ゆでしたスナップえんどう、にんじんです。ごはんは、大中小と大きさ違いにむすんだ丸いおむすびに黒ごまをふって。

#うさぎプレート

うさぎのクッキー型を濡らしてプレートの上に置き、ごはんを詰めて型をそっとはずします。黒ごまで目、のりで口と服のボーダー模様、ぶぶあられでボタンをつけて。おかずはにんじんと長いもの豚肉巻き、かぼちゃのレモン煮（P.98）など。

#てるてる坊主プレート

てるてる坊主のクッキー型を濡らしてプレートの上に置き、ごはんを詰めて型をそっとはずします。黒ごまで目、のりでひも、ぶぶあられで服のボタンをつけます。メインのおかずはハンバーグとにんじんといんげんの豚肉巻きです。

#子羊プレート

羊のクッキー型を濡らしてプレートの上に置き、ごはんを詰めて型をそっとはずします。黒ごまで目、のりで鼻と鼻筋を作ります。おかずは生鮭のハーブソルト焼き、にんじんともやしのナムル、のりとにんじんのだし巻き卵など。

#ぞうとりんごのプレート

ぞうとりんごのクッキー型を濡らしてプレートの上に置き、ごはんを詰めて型をそっとはずします。りんごはカニカマの赤い部分とのりで作ります。ぞうは、黒ごまで目、のりで鼻のしわと耳、大葉で背中のカバーを作りました。

Instagram

クリスマスプレート

#サンタクロースプレート

クリスマスランチにいかがでしょう。サンタむすびは、栗の形のおむすびの頭の部分に大葉を重ね、前髪がチラリと見えるようにカニカマの赤い部分を貼って帽子に見立て、白い部分でポンポンを作ります。黒ごまとのりでひげ、カニカマの赤い部分で口を作成。おかずは牛肉としいたけのピリ辛炒め(P.88)やさつまいものはちみつバターソテー(P.97)など。

#クリスマスツリープレート

クリスマスランチ第2弾! ツリーとキャンディの型を濡らしてプレートの上に置き、ごはんを詰めてそっとはずします。細切りにした大葉とぶぶあられでツリーを飾り、カニカマの赤い部分でキャンディに模様をつけます。メインは、ふんわりつくねバーグ(P.79)と野菜の煮物、だし巻き卵、しし唐のソテーという、まったくクリスマスらしくないものでした。

#キャンドルプレート

ケーキはなくてもろうそくを灯して。薄焼き卵を丸型で抜き取りプレートに置きます。ろうそくの型を濡らしてプレートの上に置きごはんを詰めて型をそっとはずします。細切りにしたのりとカニカマの赤い部分で模様をつけて。メインは鯖の味噌煮と厚揚げと野菜の煮物、あおさ入り卵焼き、紫キャベツのナムル(P.111)などです。

#鶏の粒マスタードソテーのにこにこ籠ランチ

丸いおむすび3個のうち1個はしょうゆ味にして籠に入れ、しょうゆと混ぜたかつお節と黒ごまをそれぞれ頭にのせて。ごまで目、のりでめがね、カニカマの赤い部分で口を作ります。豆腐の彩り白玉団子（P.114）を串にさして添えると華やかに！ 小さな器にはそうめんを入れています。

#鶏唐揚げの藤色籠ランチ

ひょうたん型をぬらして黒米ごはんを詰め、型をそっとはずし、籠に入れて白ごまを散らします。おかずは鶏唐揚げの甘酢アーモンド添え、紫いもの豆腐の彩り白玉団子（P.114）の串、パプリカの焼きびたし、玉ねぎのグリルみそマヨ添えなど。

#Wチキンのおむすび籠ランチ

おむすびは、絵本に出てくるようなオーソドックスな味と形で。鶏唐揚げの甘酢アーモンド添え、鶏肝煮、飾り切りしいたけのハーブソルトソテー、にんじんともやしのナムル、ポテトサラダ（P.96）など。

#白だしの和風カレー煮と顔むすびの籠ランチ

白むすび1個としょうゆむすび1個を作り、頭に錦ごまをつけて籠に入れ、のりで目と口を作ります。メインのおかずは自家製白だし（P.117）を使った野菜のだしカレー煮、焼肉、オクラとにんじんとチーズの豚肉巻きフライなど。お肉大好き娘のリクエストにこたえて肉祭りです！

オクラの豚肉巻きと赤鼻双子むすびの籠ランチ

丸いおむすびを作り、梅干しで鼻、大葉で髪の毛、のりで目と口を作り、2つ並べて双子ちゃんに。おかずはオクラの豚肉巻き、おそば、万願寺唐辛子のハーブソルトソテー、にんじんチップなど。

オープンオムレツとにこにこ顔むすびの籠ランチ

丸いおむすびを作りしょうゆと混ぜたかつお節を髪の毛に見立て、黒ごまで目、のりで口を作ります。おかずは玉ねぎとにんじんとほうれん草のオープンオムレツ、牛肉となすとピーマンのみそ炒めなどです。

アスパラとズッキーニの豚肉巻きと手毬むすびの籠ランチ

白むすび2個としょうゆむすび1個を作り、細切りののりで模様を作り、上に佃煮や梅干しを飾ります。おかずはアスパラとズッキーニの豚肉巻き、かぶとツナのトロトロ煮、牛肉のしぐれ煮、紫キャベツのマリネ（P.111）などです。

野菜の白だし煮と梅ごはんの籠ランチ

梅の型を濡らしてごはんを詰め、型をそっとはずして籠に入れます。中心にゆかりを、そのまわりに白ごまを丸形にふります。おかずは、こんにゃくと野菜の白だし煮、ふんわりつくねバーグ（P.79）のうずらのせ、さつまいものレモン煮（P.97）などです。

お兄ちゃんのお弁当

社会人のお兄ちゃんのお弁当も見てみたい！
そんなリクエストもあるので、ご紹介しますね。

お兄ちゃんのお弁当は、基本、おかずは娘と一緒ですが、ごはんは、さすがに顔弁ではなく普通です。というよりも娘の顔弁で使った材料の切れ端を適当にのせていて、かなり熱量に差があります。お兄ちゃんは、インスタグラムもときどきチェックしているみたいですが、実際のところ、顔弁についてどう思っているのでしょうね。

お兄ちゃんからのメッセージ

2年前のある日、ださい丸い箱が置いてあったので何かと聞いたら妹用の新しい弁当箱だとの答え。正直「ちょっと可哀想だな」と思いました。でも、中学生の妹は「昭和時代やん！」と苦笑いしながら、案外スッと受け入れていました。

毎日作るお弁当の細工は、食べるアートだなと思いますし、本当にすごい才能だなあと思います。おかずは、2年前にナチュラルフードコーディネーターの資格を取ってからレパートリーも増えましたし、彩りも美しく味も美味しくなりました。

母の頑張り屋なところは尊敬していますが、たまには肩の力を抜いてもいいんじゃないかな？ と思うこともあります。

四章 作りおきおかず

この章でご紹介する作りおきおかずは全52品！
お弁当箱の中でバランスが取りやすいよう味や色みを考えた
肉や魚のメインおかずから野菜の副菜まで
バラエティ豊かにそろえました。
Ｐ12〜17の「顔むすび弁当」や
Ｐ42〜47の「曲げわっぱ弁当」のおかずは
この章から作っています。
私は、お弁当だけでなく夕飯のおかずの作りおきも兼ねています。

●おひるね弁当（P.12）
●おひるね弁当（P.12）
ふんわりつくねバーグ
ひじきとれんこんの
つくねバーグ

ふんわりつくねバーグ

◎保存
冷蔵で 3日間
冷凍で 1ヶ月

スプーンで混ぜる、簡単つくねバーグ！
お麩で旨みを閉じ込めて、ふんわり感もアップ。

材料（約4×6cm 10個分）

麩 … 20g
水 … 大さじ3
自家製めんつゆ（P.116）… 大さじ1
A 鶏ひき肉（もも）… 200g
　しょうがのすりおろし … 15g
　片栗粉 … 大さじ1
トマトソース（P.40）… 大さじ2～3
※冷凍していたら解凍しておく。

作り方

1 ボウルに麩を1cm角程度に手で砕きながら入れ、水とめんつゆを加えてよく混ぜる。

2 **1**に**A**を加え、スプーンでボウルの底に押し付けるように全体を混ぜ合わせる。

3 **2**を10等分にし、手で小判形に成型したら熱していないフライパンに並べ、弱めの中火にかける。約10分焼いて焦げ目がついてきたら裏返し、ふたをして約3分焼く。

4 トマトソースを入れ全体をよくからめたら火を止める。

ひじきとれんこんのつくねバーグ

◎保存
冷蔵で 3日間
冷凍で 1ヶ月

れんこんを入れて、シャキシャキした食感に。
お好みで大根おろしを添えても美味しい。

材料（約4×6cm 12個分）

麩 … 20g
水 … 大さじ2
自家製めんつゆ（P.116）… 大さじ2
れんこん … 50g（約1/4節）
ひじき（乾燥）… 5g
A 鶏ひき肉（もも）… 200g
　しょうがのすりおろし … 15g
　片栗粉 … 大さじ1
B ポン酢 … 大さじ2
　てんさい糖 … 大さじ1
　みりん … 大さじ1

下準備

乾燥ひじきはたっぷりの水で15分戻し、
洗ってしっかり水けをしぼっておく。

作り方

1 ボウルに麩を1cm角程度に手で砕きながら入れ、水とめんつゆを加えてよく混ぜる。

2 れんこんは皮つきのまま5mm角に切る（切ったあと水にさらさなくてよい）。

3 **1**に、**2**、戻したひじき、**A**を加え、スプーンでボウルの底に押し付けるように全体を混ぜ合わせる。

4 **3**を12等分し、手で小判形に成型したら熱していないフライパンに並べ、弱めの中火にかける。約10分焼いて焦げ目がついてきたら裏返し、ふたをして約3分焼く。

5 **4**によく混ぜた**B**を入れて約2分、全体にからめる。

保存 冷蔵で3日間

・横向き坊っちゃん弁当（P.43）
・だるまプレート（P.66）
・手毬むすびの籠ランチ（P.67）

にんじんと大葉のチーズ in 鶏ロール

ラップでくるんでゆでるだけ！
中の具材は好みの野菜にかえてアレンジしても美味しい。

材料（ロール1本分）

鶏むね肉 … 1枚（200～300g）
ハーブソルト … 適量
てんさい糖 … 適量
にんじん … 10g（約1cm）
大葉 … 2枚
スライスチーズ … 1枚

作り方

1 にんじんはせん切りにする。鍋に湯を沸かしておく。

2 鶏むね肉の皮を除き、厚みが均等になるように切り込みを入れて広げる。ハーブソルトとてんさい糖を全体にまぶす。

3 肉よりふた回りほど大きく切ったラップの上に**2**をのせる。その上に大葉、半分にたたんだチーズ、にんじんの順に重ねて置き、手前から具が出ないように肉を巻く。さらにラップで空気が入らないようしっかり巻き、両端をねじりながら結ぶ。

4 **3**をたっぷりの熱湯で5分ゆでたら、火を止めてふたをし、そのまま1時間おく。取り出してラップで包んだ状態で冷ます。

大根とつくねのトロトロ煮

温め直すと、ふんわり感アップ。
とろみで旨みを閉じ込めて。

材料（約4cmのつくね約15個分）

麩 … 20g
水 … 大さじ3
自家製めんつゆ（P.116）… 大さじ1
A 鶏ひき肉（もも）… 200g
しょうがのすりおろし … 15g
片栗粉 … 大さじ1
大根 … 300g（約1/3本・皮をむいた正味）
B 水 … 2カップ
酒 … 大さじ1
てんさい糖 … 大さじ1
みりん … 大さじ2
自家製白だし（P.117）… 大さじ2
しょうゆ … 大さじ1/2
C 片栗粉 … 小さじ1
水 … 大さじ1

作り方

1 ボウルに麩を1cm角程度に手で砕きながら入れ、水とめんつゆを加えてよく混ぜる。

2 **1**に**A**を加え、スプーンでボウルの底に押し付けるように全体を混ぜ合わせ、約4cmの団子を作る（手を水で湿らせながら丸めるとタネがつきにくい）。

3 大根は1cm幅に切り、半月切りにしたら**B**とともに鍋に入れて中火にかけ、アクを取りながら8分煮る。

4 **3**へ**2**を入れ、中火のままさらに20分煮込む。**C**の水溶き片栗粉を作っておく。

5 **4**の火を止め、鍋の中央に隙間を作り、よく混ぜた**C**を少しずつ入れながら混ぜてとろみをつけ、再び中火で2〜3分火にかける。火を止めたらそのままおいて味をなじませる。

◎保存
冷蔵で**3**日間

●おだんごさん弁当（P.15）

タンドリーチキン

冷蔵庫にある調味料で作れる、簡単なのに本格派の味。
我が家の人気メニュー。おつまみにもぴったり。

材料（作りやすい分量）

鶏もも肉… 350g（皮を除いた正味）

A レモン果汁 … 大さじ1（約1/2個）
塩 … ひとつまみ（1g）
黒こしょう … 少々

B プレーンヨーグルト … 大さじ2
ケチャップ … 大さじ1と1/2
しょうがのすりおろし … 5g
カレー粉 … 小さじ1と1/2
ガラムマサラ … 小さじ1
菜種油（または好みの油）… 小さじ1

作り方

1 鶏肉はひと口大に切り、**A**とともにポリ袋に入れてよくもみ込んでから約5分おく。

2 **1**に**B**を加えて、さらにもみ込み全体をなじませたら3時間～ひと晩おく。

3 オーブンに**2**を入れて230℃で15～17分焼く（オーブンは予熱なしでOK）。

●金髪めがねさん弁当（P.45）

保存
冷蔵で3日間

●うずらハット弁当（P.13）
●だるまプレート（P.66）
◎保存
冷蔵で
3日間

鶏肉のわさびソテー

ほんのり香るわさびの風味がポイント。
片栗粉をまぶすことで、旨みをギュッと閉じ込める。

材料（作りやすい分量）

鶏もも肉… 300g
酒 … 大さじ1
てんさい糖 … ひとつまみ（1g）
片栗粉 … 小さじ2
菜種油 … 小さじ1
A てんさい糖 … 大さじ1
みりん … 大さじ1
しょうゆ … 大さじ1
わさび（チューブ）
… 5cm分（好みの分量）

作り方

1 鶏肉全体をフォークでできるだけたくさん刺して穴をあけ、ひと口大に切る。酒とてんさい糖を一緒にポリ袋に入れてもみ込み、約15分おく。

2 **1**に片栗粉を加え、さらにもみながら全体にいき渡らせたら、熱したフライパンに油をひき、中火で皮面を約5分、ひっくり返し、ふたをして約3分焼く。

3 **2**へよく混ぜた**A**を加え、約2分炒め合わせたら火を止めて、わさびを全体にからめる。

砂肝レモンソテー

さわやかなレモンとハーブの香りが美味しい。
おつまみにもおすすめ。

材料（作りやすい分量）

砂肝 … 200g
菜種油 … 大さじ1
A レモン果汁 … 小さじ1（約1/6個）
しょうゆ … 小さじ1/2
ハーブソルト（またはクレイジーソルト）
… 小さじ1/4（約1g）
黒こしょう … 少々
レモン（飾り用）… 適量

作り方

1 砂肝は約5mm幅に切る。熱したフライパンに油をひき、中火で片面約3分ずつこんがり焼く。

2 **1**へ**A**を入れ、約2分炒めながら混ぜ合わせる。器に盛り付け、薄くいちょう切りにしたレモンを添える。

鶏むね肉となすの中華炒め

パンチをきかせた、くせになる中華味。
鶏むね肉を使って、口当たりを軽く。

材料（作りやすい分量）

鶏むね肉 … 200g（皮を除いた正味）
ピーマン … 70g（約2個）
なす … 80g（約1本）
ごま油 … 大さじ1
酒 … 小さじ1
A 水 … 100mℓ
鶏がらスープ（顆粒、化学調味料無添加）
… 小さじ2
コチュジャン大さじ1、しょうゆ小さじ1、
てんさい糖・片栗粉各小さじ2

作り方

1 **A**を混ぜておく。鶏肉、ピーマン、なすはそれぞれ約5mm幅の細切りにする（なすは水にさらさない）。熱したフライパンにごま油をひき、鶏肉と酒を入れて中火で約1分炒める。なすとピーマンを加えてさらに約7分炒める。

2 **1**の火を止め、混ぜ合わせた**A**を入れて素早く全体にからめ、もう一度中火にかけて約2分混ぜる。

ひじきの肉みそ

しっかりした味なので、のせたり、巻いたり、混ぜたりと
バリエーション豊かに楽しめる、優秀おかず！

材料（作りやすい分量）

ひじき（乾燥）… 10g
高野豆腐（乾燥）… 10g
鶏ひき肉（もも）… 100g
A 酒 … 大さじ2
　みりん … 大さじ3
　てんさい糖 … 大さじ2
　しょうゆ … 大さじ1
　みそ … 大さじ1
　しょうがのすりおろし … 20g
七味唐辛子 … 適量

作り方

1 ひじきと高野豆腐はそれぞれたっぷりの水に15分ほどつけて戻し、ひじきは洗ったあとしっかり水けをしぼる。高野豆腐は水けをしぼったあと5mm角に切る。**A**は混ぜておく。

2 フライパンを熱し、**1**と鶏ひき肉を入れて中火で3分炒める（ひき油はなくてもOK）。

3 **2**へよく混ぜた**A**を入れ、5分ほど汁けがなくなるまで炒め煮にする。火を止めたら好みで七味唐辛子をふり、そのままおいて味をなじませる。

保存
冷蔵で5日間

● ウインクおじさん弁当（P.44）
● 金髪めがねさん弁当（P.45）

●黒豆ヘアのおばさん弁当（P.46）

保存
冷蔵で3日間

巾着煮びたし

ひと口食べるごとにお汁がじゅわっとひろがる！
しょうがをきかせて、さっぱりした味わいに。

材料（8個分）

油揚げ … 4枚
つまようじ … 8本
A 豚ひき肉 … 200g
ニラ … 50g（約1/2束）
しょうがのすりおろし … 20g
白ごま … 大さじ1
自家製めんつゆ（P.116）… 小さじ2
B 水 … 1と1/2カップ
自家製白だし（P.117）
… 大さじ1と1/2
酒 … 大さじ1
てんさい糖 … 大さじ1
みりん … 大さじ1
しょうゆ … 小さじ1

作り方

1 油揚げは熱湯をまわしかけて油抜きし、横半分に切って袋状にする。

2 ニラは1cm長さに切り、**A**とともにボウルに入れてよく混ぜ合わせたら8等分にする。

3 **1**に**2**を詰め、つまようじで口を閉じる。

4 鍋に**B**を入れて中火にかけ、沸騰したら**3**を入れて10分、時々煮汁をまわしかけながら煮る。弱火にして落としぶたをし、さらに約10分煮たら火を止めて5～10分なじませる。

◎保存
冷蔵で3日間

●ウインクおじさん弁当（P.44）

たまごinミートローフ

ハンバーグより簡単で、見た目も華やかな一品。
お弁当だけでなく、持ち寄りパーティなどにも活躍。

材料（18×9×5cmの型1個分）

麩 … 20g
水 … 大さじ2
自家製めんつゆ(P.116) … 大さじ2
卵 … 2個
玉ねぎ … 100g（約1/2個）
合いびき肉 … 200g
A 片栗粉 … 大さじ1
塩・黒こしょう … 各少々
ナツメグ … 少々
B 即席ソース（好みで）
ケチャップ・ウスターソース・生クリーム各大さじ1、てんさい糖・バター各小さじ1、しょうゆ小さじ1/2

作り方

1 卵は沸騰した湯から7分ゆで、冷水で冷ます。ボウルに麩を1cm角程度に手で砕き入れて、水とめんつゆを加えてよく混ぜる。

2 **1**のボウルに、みじん切りにした玉ねぎ、合いびき肉、**A**を加え、スプーンで底に押し付けるように混ぜ合わせる。

3 耐熱容器の型に**2**の1/3量を敷き、真ん中に殻をむいたゆで卵を並べ、残りの**2**を隙間を埋めながら卵が隠れるようにして詰める。てっぺんが少し盛り上がる形でOK。

4 オーブンに**3**を入れて180℃で30分焼く（予熱なしでOK）。焼き上がったら型に入れたまま粗熱を取り、切り分ける。耐熱ボウルに**B**を入れ、ふんわりラップをして電子レンジで20秒ほど加熱したら、好みで添える。

◎保存
冷蔵で3日間

●ちぎりひげのアフロおじさん弁当（P.42）
●手毬むすびの籠ランチ（P.67）

牛肉としいたけのピリ辛炒め

甘辛い味は、ごはん泥棒！ な美味しさ。
かるくふり入れた七味唐辛子が隠し味。忘れずに！

材料（作りやすい分量）

牛こま切れ肉 … 200g
しいたけ … 100g（5～6枚）
菜種油 … 小さじ1/2
A しょうゆ … 大さじ1と1/2
　みりん … 大さじ2
　てんさい糖 … 大さじ1
　酒 … 大さじ1
　しょうがのすりおろし … 10g
七味唐辛子 … 適量

作り方

1 **A**を混ぜておく。しいたけは石づきを切り落とし6等分に切る。フライパンを熱して油をひき、中火で牛肉をサッと炒めたらしいたけを入れ、約3分炒める。

2 **1**へよく混ぜた**A**を入れ、4分ほど炒め合わせたら火を止めて七味唐辛子をふる。

豚肉とまいたけと長ねぎの白だし炒め

ポイントは、白だしベースにマヨネーズを加えたところ！
コクが出て、冷めても美味しい！

材料（作りやすい分量）

豚ロースの薄切り肉…200g
まいたけ…100g（約1パック）
長ねぎの白い部分…80g（約1本）
酒…小さじ1
菜種油…小さじ1
A 自家製白だし（P.117）…大さじ2
自家製マヨネーズ（P.118）…大さじ1
しょうゆ…小さじ1/2
黒こしょう…少々
B 片栗粉…小さじ1
水…小さじ2

作り方

1 **B**を混ぜておく。まいたけは食べやすい大きさに裂く。長ねぎは約1cmの斜め切りにする。豚肉は3〜4cmの長さに切る。熱したフライパンに油をひき、豚肉を入れて酒をふり中火で約3分炒めてから、長ねぎ、まいたけ、**A**を入れて約5分炒める。

2 **1**の火を止め、**B**を少しずつ入れながら素早く混ぜてとろみをつける。再び中火にかけて1〜2分グツグツさせながら混ぜる。

黒豆ヘアのおばさん弁当（P.46）
保存
冷蔵で3日間

骨ごといわしの野菜たっぷり南蛮漬け

時間が美味しくしてくれる南蛮漬けは、作りおきおかずにピッタリ。
揚げたてを調味液に漬け込むことが美味くするコツ。

材料（作りやすい分量）

いわし（下処理済みのもの）
… 300g（小さめのもの12尾）
玉ねぎ … 100g（約1/2個）
にんじん … 100g（約1/2本）
ピーマン … 70g（約2個）
A 水 … 200mℓ
酢 … 90mℓ
てんさい糖 … 大さじ3
しょうゆ … 大さじ2
片栗粉 … 大さじ2
揚げ油 … 適量
大葉 … 5枚（好みの量）

作り方

1 玉ねぎは薄切りに、にんじん、ピーマンは2～3mm幅の細切りにする。

2 耐熱容器に**A**を入れてよく混ぜ合わせ、電子レンジで3分加熱したら熱いうちに**1**を漬けておく。

3 いわしは水洗いし、お腹の中もきれいに水けを拭く（処理済みのいわしがない場合は、頭部を切り落とし、お腹に指を入れて裂き、内臓をきれいに取り出す）。

4 ポリ袋に**3**のいわしと片栗粉を入れ、空気を入れてふくらませたらシャカシャカ振りながらまんべんなく粉をまぶす。160℃に熱した揚げ油で6尾ずつ約10分じっくり揚げ、すぐに**2**へ漬け込む。仕上げに細切りにした大葉を添える。

まぐろステーキ

片栗粉をまぶすことで、まぐろの旨みを逃さず、
熱から守ってふんわり焼き上げる。焼きすぎに気をつけて！

材料（作りやすい分量）

まぐろ（刺身用さく）… 200g
A 酒 … 小さじ2
　てんさい糖 … ひとつまみ（1g）
　塩 … ひとつまみ（1g）
片栗粉 … 大さじ1と1/2
菜種油 … 大さじ1
自家製めんつゆ（P.116）
　… 大さじ1と1/2
万能ねぎの小口切り
　… 適量
黒こしょう … 少々

作り方

1 まぐろは1.5cm幅に切り、バットに広げて**A**をふり10分おく。

2 茶こしに片栗粉を入れて、**1**の両面にまんべんなくまぶす。

3 熱したフライパンに油をひき、**2**を中火で3分焼き、焼き色がほんのりついたら裏返して弱火にし、ふたをして3分焼く。

4 **3**の火を止め、めんつゆをまわしかけて両面にからめる。仕上げに万能ねぎと黒こしょうをふる。

●ファイト弁当（P.14）

◎保存
冷蔵で**2**日間

しいたけのツナマヨ焼き

ぷりぷりしたしいたけと、クリーミーなツナとの相性が抜群！
仕上げのバジルで風味豊かに。

材料（6個分）

しいたけ … 6枚
ツナ … 1缶（約70g）
A 自家製マヨネーズ（P.118）… 小さじ1
自家製めんつゆ（P.116）… 小さじ1/2
塩・黒こしょう … 各少々
オリーブオイル … 適量
乾燥バジル … 適量

◎保存
冷蔵で**2**日間

作り方

1 しいたけは軸を切り落とす。ツナ缶は油をきり、**A**と混ぜ合わせる。

2 ツナを**1**のしいたけのかさに詰め、オーブンに入れて180℃で10分焼く（オーブンは予熱なしでOK）。仕上げにオリーブオイルとバジルを適量ふる。

●黒豆ヘアのおばさん弁当（P.46）

えびと玉ねぎのマヨ炒め

こっくりしたえびマヨにハーブソルトをかけて、
ちょっとおしゃれな味に。

●赤鼻むすび弁当（P.16）

◎保存
冷蔵で3日間

材料（作りやすい分量）

ゆでえび … 100g
（約3cmのもの12尾）
玉ねぎ … 100g（約1/2個）
菜種油 … 小さじ1
A 自家製マヨネーズ（P.118）
… 大さじ1
しょうゆ … 小さじ1/2
ハーブソルト … 少々

作り方

1 玉ねぎは約5mm幅のくし切りにし、熱したフライパンに油をひいて中火で3分炒める。

2 **1**にえびを加えて約2分炒めたら火を止め、**A**を全体にからめる。

たことブロッコリーのジェノベーゼ炒め

ゆでずに炒めて歯ごたえを残したブロッコリーと
こりこりしたたこの食感が楽しい一品。

◎保存
冷蔵で3日間

●おだんごさん弁当（P.15）
●黒豆ヘアのおばさん弁当（P.46）
●昆布にいさん弁当（P.47）

材料（作りやすい分量）

ゆでだこ … 100g
ブロッコリーの房の部分 … 100g
オリーブオイル（または好みの油）
… 小さじ1
A ジェノベーゼペースト（市販）
… 大さじ1と1/2
自家製マヨネーズ（P.118）
… 小さじ1
しょうゆ … 小さじ1

作り方

1 ゆでだこは約5mm幅に切り、ブロッコリーは2〜3cmの小房に分ける。

2 熱したフライパンにオリーブオイルをひき、**1**を入れて中火で約5分炒めたら火を止め、**A**を全体にからめる。

◎保存
冷蔵で3日間
•うずらハット弁当（P.13）
•ちぎりひげのアフロおじさん弁当（P.42）
•手毬むすびの籠ランチ（P.67）

りんごとにんじんのココナッツくるみソテー

りんごとにんじんの甘さだけで仕上げる一品。
優しい味にほっこり。おやつにもどうぞ。

材料（仕上がり約120g）

ふじりんご … 150g（1/2個・芯を除いた正味）
にんじん … 50g（約1/4本）
ココナッツオイル … 大さじ1
塩 … ひとつまみ（1g）
くるみ … 20g
チャービル（飾り用）… 適宜

作り方

1 りんごは皮つきのまま4等分に、にんじんも皮つきのまま縦に4等分にし、それぞれスライサーでスライスする。

2 フライパンに**1**とココナッツオイル、塩を入れ、中火で約10分炒めて水分を飛ばす。

3 火を止めてくるみを手で小さめに割り、**2**と混ぜ合わせる。あればチャービルを添える。

◎保存
冷蔵で3日間
•れんこんハット弁当（P.17）他

◎小さなりんごパイ

春巻きの皮でミニおやつにアレンジ！

材料と作り方（約5cm×12個分）

1 春巻きの皮（3枚）を十字にカットして4等分にしたら、りんごとにんじんのココナッツくるみソテー（約120g）を1/12量のせて包む。

2 160℃に熱した揚げ油（適量）できつね色になるまで揚げる。

ツナとにんじんの粒マスタードサラダ

粒マスタードと乾燥バジルを使って
ちょっと大人っぽい味に。

材料（作りやすい分量）

にんじん … 100g（約1/2本）
塩 … 小さじ1
ツナ … 1缶（約70g）
A 白家製マヨネーズ（P.118）
… 大さじ1
粒マスタード … 小さじ2
しょうゆ … 小さじ1/2
乾燥バジル … 小さじ1/2

作り方

1 にんじんは約3mmの細切りにし、塩もみをして10分おいたら水洗いして水けをしっかりしぼる。

2 油をきったツナと**1**を混ぜ合わせ、**A**をあえる。

にんじんとくるみのみそあえ

カリカリして香ばしいくるみと
みそのコクがよく合う。

材料（作りやすい分量）

にんじん … 100g（約1/2本）
くるみ … 20g
ごま油 … 小さじ2
A みりん … 小さじ2（電子レンジで約30秒加熱してアルコール分を飛ばす）
みそ … 小さじ2
てんさい糖 … 小さじ1
黒ごま（飾り用）… 適量

作り方

1 にんじんは2～3mm幅の細切りにする。くるみは手で割る。

2 熱したフライパンにごま油をひき、**1**を入れて弱めの中火で5分炒める。

3 **2**の火を止めて、**A**を混ぜ合わせて仕上げに黒ごまをふる。

◎保存
冷蔵で
3日間

●ウインクおじさん弁当（P.44）
●金髪めがねさん弁当（P.45）

ポテトサラダ

隠し味は練乳！ まろやかでクリーミーに。
さらにハーブソルトを加えて、少し大人っぽい味もプラス。

材料（作りやすい分量）

じゃがいも
…300g（約2個）
きゅうり…100g（約1本）
にんじん…50g（約1/4本）
塩…小さじ1
A 酢…大さじ1
自家製マヨネーズ（P.118）
…大さじ4
練乳…小さじ1
ハーブソルト…少々
黒こしょう…少々
れんこんチップ（P.109）…適宜

作り方

1 じゃがいもは皮をむき、2cm角に切ったら水にさらして水けをきる。きゅうりと、縦4等分に切ったにんじんをスライサーでスライスする。

2 **1**のきゅうりとにんじんは一緒に塩もみをして5分おいたら水洗いして水けをしっかりしぼる。

3 **1**のじゃがいもを耐熱ボウルに入れ、ラップをして電子レンジで約5分加熱する。ボウルの底の水分を拭き取り、潰してマッシュ状にする。

4 **3**に**2**を入れ、全体を混ぜ合わせたら**A**を材料表の順に加え、そのつど混ぜ合わせる。好みでれんこんチップを添える。

◎保存
冷蔵で
3日間
•おだんごさん弁当（P.15）
•黒豆ヘアのおばさん弁当（P.46）

•うずらハット弁当（P.13）
•れんこんハット弁当（P.17）
•ちぎりひげのアフロおじさん弁当（P.42）他
◎保存
冷蔵で
3日間

さつまいもの
はちみつバターソテー

しょうゆを加えて、和風味に仕上げた
箸休めの副菜。黒ごまの香り豊かに。

材料（作りやすい分量）

さつまいも … 150g（約1/2本）
バター … 大さじ1（12g）
はちみつ … 小さじ2
しょうゆ … 小さじ2
黒ごま … 小さじ1

作り方

1 さつまいもは1cm幅の輪切りにし、水にさらす。耐熱ボウルに入れ、たっぷり湿らせたペーパータオルとラップをふんわりとかけ、電子レンジで約2分加熱する（加熱後はラップははがさずフライパンに入れるときまでそのまま。乾燥を防ぐため）。

2 フライパンにバターとはちみつを入れて中火にかけ、溶けてきたら**1**の水けをきって並べる。手早くバターとはちみつを全体にからめながら約2分焼く。

3 **2**にしょうゆを回し入れ、とろみがつくまで約1分半からめたら火を止める。仕上げに黒ごまをふる。

さつまいものレモン煮

やわらか過ぎないホクホクの食感。
微妙な火加減が大切。加熱しすぎに注意！

材料（作りやすい分量）

さつまいも … 200g（約2/3本）
A 水 … 150mℓ
てんさい糖 … 大さじ3
レモン果汁 … 小さじ2（約1/4個分）
塩 … ひとつまみ（1g）

作り方

1 さつまいもを約5mm幅の輪切りにし、さっと水にさらす。

2 鍋に**A**と**1**を入れて中火にかけ、沸騰してから約5分煮る。弱火にし、ペーパータオルをかぶせてさらに約7分煮る。

3 **2**の火を止めてそのままおいて冷まし、汁ごと容器に入れて保存する。

かぼちゃのレモン煮

レモン果汁がかぼちゃの甘さを引き立てる。かぼちゃの
種類によって甘さや食感がかわり、それがまた楽しい。

材料（作りやすい分量）

かぼちゃ … 250g（約1/4個・種を除いた正味）

A 水 … 150mℓ
- てんさい糖 … 大さじ1と1/2
- しょうゆ … 小さじ1
- レモン果汁 … 小さじ2（約1/4個）

レモン（飾り用）… 適宜

作り方

1 かぼちゃはひと口大に切り、ピーラーなどで面取りをする。

2 鍋に**A**と**1**を入れて中火にかけ、沸騰してきたら弱めの中火にしてペーパータオルをかぶせ、約10分煮る。

3 **2**のペーパータオルを取り、中火にしてときどき鍋を回しながら3～4分ほど煮て煮汁をからませる。仕上げに薄いいちょう切りにしたレモンを添える。

保存　冷蔵で3日間

●おひるね弁当（P.12）

●おひるね弁当（P.12）

保存
冷蔵で2日間

長いもソテーのクリームチーズ挟み巻き

めんつゆ風味のしゃくしゃくした食感の長いもと
まったりとしたクリームチーズの相性が抜群！

材料（作りやすい分量）

長いも … 250g（約1/2本）
A 自家製めんつゆ（P.116）… 大さじ1
　てんさい糖 … 小さじ1
クリームチーズ … 適量（1個分約8g）
バター … 大さじ1（12g）
黒こしょう … 少々
のり … 適量

作り方

1 **A**を混ぜておく。長いもは皮をむいて約5mm幅の輪切りにする。大きめのフライパンを熱してバターを溶かし、長いもを入れ中火で片面2分ずつ焼き、**A**を加えて約1分からめたら黒こしょうをふる。

2 **1**を皿に取り出し、粗熱を取る間にクリームチーズを長いものサイズに合わせて約5mm幅に切る。

3 長いもの粗熱が取れたら2枚の長いもでクリームチーズをサンドし、半分に切ってのりを巻く。

厚揚げのしょうが焼き

時間をおくにつれ、味がじわじわしみて美味しくなる。常備しておきたい副菜。

材料（作りやすい分量）

厚揚げ … 100～130g（約2枚）

A 自家製めんつゆ（P.116）
… 大さじ1と1/2
水 … 大さじ1
てんさい糖 … 小さじ1
万能ねぎの小口切り… 10g
しょうがのすりおろし … 5g
片栗粉 … 小さじ1

作り方

1 **A**を混ぜておく。厚揚げは約2cm角に切る。

2 熱したフライパンに、**1**の厚揚げを入れて中火で約5分まんべんなく焼く。

3 **2**の火を止め、**A**を回し入れ、手早く混ぜてからめる。

ちぎりこんにゃくのピリ辛わさびソテー

自家製めんつゆでササッと作れるお手軽な一品。わさびでアクセントを添えるのが美味しさの秘密。

材料（作りやすい分量）

こんにゃく … 200g（約1枚）

A 水 … 大さじ1
酒 … 大さじ1
自家製めんつゆ（P.116）… 大さじ2
てんさい糖 … 大さじ1

わさび（チューブ）… 5cm分（好みの分量）
万能ねぎの小口切り … 適量
七味唐辛子 … 適宜

作り方

1 こんにゃくを手で約2cmの大きさにちぎり、ひとつまみの塩（分量外）でもんで水で洗う。耐熱ボウルにひたひたの水とともに入れ、電子レンジで約5分加熱し（ラップはかけない）、やけどに注意しながら水で再度洗う。

2 熱したフライパンに、水けをきった**1**と**A**を入れて中火で約10分炒めて煮たら、火を止める。

3 **2**にわさびを加えて全体にからめる。仕上げに万能ねぎと七味唐辛子をふる。

チーズinちくわの磯辺揚げ

ファンの多いちくわの磯辺揚げとクリームチーズを
ドッキングさせた、ジャンクな味が美味しい人気おかず！

◎保存
冷蔵で
3日間

●昆布にいさん弁当（P.47）

材料（作りやすい分量）

クリームチーズ（ブロックタイプ）… 約80g
ちくわ … 200g（1本50g）
A 薄力粉 … 50g
　片栗粉 … 20g
　ベーキングパウダー（アルミフリーのもの）
　　… 小さじ1/2
B 水 … 1/2カップ
　酢 … 小さじ1
あおさ … 小さじ2
揚げ油 … 適量
塩（仕上げ用）… 適宜

作り方

1 クリームチーズはちくわの穴の幅と長さに合わせて棒状に切る。

2 ちくわに縦に1本切り込みを入れて開き、**1**を挟んだら切り口を閉じ、ひと口サイズに切る。

3 ボウルに**A**を入れて混ぜ合わせる。そこに混ぜ合わせた**B**を回し入れ、あおさも加えて、お箸で粉っぽさが少し残る程度に混ぜる。

4 **2**に**3**をからめ、180℃の揚げ油で1～1分半揚げる。好みで塩をふる。

カラーピーマンのソテー

ビタミンCたっぷり！ お弁当箱の中をカラフルに。
もちろん1種でもOK。

- れんこんハット弁当（P.17）
- 横向き坊っちゃん弁当（P.43）
- だるまプレート（P.66）
- 手毬むすびの籠ランチ（P.67）

保存
冷蔵で
3日間

材料（作りやすい分量）

ピーマンとパプリカ … 合わせて250g
（緑2個、赤・黄・オレンジ各1個使用）
菜種油 … 大さじ1
自家製白だし（P.117）… 大さじ1
しょうゆ … 小さじ1/2
白ごま … 大さじ1

作り方

1 ピーマンとパプリカを5mm幅の細切りにし、油を熱したフライパンで中火で約3分炒める。

2 **1**へ白だしを入れて約2分炒めたら、火を止めてしょうゆと白ごまを混ぜる。

ピーマンと揚げとじゃこのアーモンド炒め

アーモンドの香ばしさとカリカリした食感が
旨みをすったふっくらお揚げと相性よし！

- おひるね弁当（P.12）
- ファイト弁当（P.1[illegible]）
- ウインクおじさん弁当（P.4[illegible]）

保存
冷蔵で
3日間

材料（作りやすい分量）

ピーマン … 120g（約3個）
油揚げ … 70g（1枚）
アーモンド（無塩）… 10粒
ちりめんじゃこ … 大さじ2
A 水 … 大さじ2
自家製めんつゆ（P.116）… 大さじ1と1/2
てんさい糖 … 大さじ1
ごま油（仕上げ用）… 小さじ1

作り方

1 ピーマンと油揚げは5mm幅の細切りに、アーモンドは縦に3等分に刻む。**A**は混ぜておく。

2 フライパンを熱し、**1**とじゃこを入れて中火で約3分炒め、**A**を加えて約2分炒める。

3 **2**の火を止めてごま油をあえる。

白菜ときくらげのナムル

甘みのある旬の白菜と、こりこりしたきくらげを
ごま油と白ごまで香ばしく、中華テイストで！

材料（作りやすい分量）

白菜 … 200g（約2枚）
塩 … 小さじ1
きくらげ（乾燥）… 15g
A 酢 … 大さじ1と1/2
鶏がらスープ（顆粒、化学調味料無添加）
… 大さじ1/2
コチュジャン … 小さじ1
ごま油 … 大さじ1/2
白ごま … 大さじ1

作り方

1 白菜は葉の部分をザク切りに、芯の部分も5mm幅×3cm長さの短冊切りにし、塩もみをして15分おく。きくらげはたっぷりの水に15分つけて戻し約3mm幅の細切りにする。それぞれ水洗いして水けをしっかりしぼる。

2 よく混ぜた**A**と**1**を混ぜ合わせ、仕上げにごま油と白ごまであえる。

◎保存
冷蔵で
3日間
・うずらハット弁当（P.13）
・横向き坊っちゃん弁当（P.43）
・だるまプレート（P.66）他

春菊のピーナッツクリームあえ

強い香りを持つ春菊と、コクとパンチのある
ピーナッツクリームを組み合わせて個性的な味に！

材料（作りやすい分量）

春菊 … 150g（約1束）
塩 … 小さじ1
A 自家製めんつゆ（P.116）
　… 小さじ1と1/2
　てんさい糖 … 小さじ1
　ピーナッツクリーム … 大さじ1
　白ごま … 小さじ1

作り方

1.2ℓの熱湯に塩を入れ、春菊の茎を約5秒、葉を約10秒ゆでたら、冷水に取り水けをしぼる。2～3cm幅に切り、再度しっかりしぼり、混ぜ合わせた**A**とあえて、しばらくおいて味をなじませる。

シャキシャキ小松菜とたっぷり桜えびのソテー

● 昆布にいさん弁当（P.47）

◎保存
冷蔵で3日間

桜えびのだしをきかせて、
自家製めんつゆであっさりいただく副菜。

材料（作りやすい分量）

小松菜 … 200g（約1束）
桜えび … 10g
菜種油 … 大さじ1
自家製めんつゆ（P.116）
… 大さじ1

作り方

1 小松菜は2cm幅に切る。

2 熱したフライパンに油をひき、中火で桜えびを約1分炒める。小松菜を入れて約2分炒めたらめんつゆを加え、全体を混ぜながらさらに約1分炒め合わせる。

ほうれん草のツナあえ

● 赤鼻むすび弁当（P.16）

◎保存
冷蔵で3日間

旬のほうれん草からたっぷりの鉄分を、
ツナからタンパク質をもらって元気になる副菜。

材料（作りやすい分量）

ほうれん草 … 200g（約1束）
ツナ … 1缶（70g前後）
塩 … 小さじ1
自家製めんつゆ（P.116）… 小さじ2

作り方

1 1.2ℓの熱湯に塩を入れ、ほうれん草の茎を約30秒、葉を約20秒ゆでたら、冷水に取り水けをしぼる。3cm幅に切り、再度しっかりしぼる。ツナ缶は油をきる。

2 1のほうれん草とツナをざっくり混ぜ、めんつゆをあえる。

いんげんのごまみそあえ

定番の副菜。使うみそで各家庭の味が
変わる"お袋の味"おかず。

◎保存 冷蔵で3日間

●ファイト弁当（P.14）
●ウインクおじさん弁当（P.44）
●金髪めがねさん弁当（P.45）

材料（作りやすい分量）

いんげん … 100g（約20本）
塩 … 小さじ1
A 自家製めんつゆ（P.116）… 小さじ1
てんさい糖 … 大さじ1
みそ … 小さじ2
白ごま … 小さじ2

作り方

1 500mℓの熱湯に塩を入れ、いんげんを約3分ゆでる。冷水に取って水けをきってよく拭き取る。両端のヘタを切り落としたら約3cm幅に切る。

2 よく混ぜた**A**と**1**をあえる。少しおいて味をなじませる。

●うずらハット弁当（P.13）
●ちぎりひげのアフロおじさん弁当（P.42）他

◎保存 冷蔵で3日間

スナップえんどうのハーブ焼き

複数のハーブの香りが、
スナップえんどうの甘みとマッチ。

材料（作りやすい分量）

スナップえんどう … 100g（約18本）
菜種油 … 小さじ1
ハーブソルト … 小さじ1/4（1g）
しょうゆ … 小さじ1/2
てんさい糖 … 少々

作り方

1 スナップえんどうは筋を取り、熱したフライパンに油をひき、弱めの中火で6〜8分、好みの固さに炒める。

2 **1**の火を止めたらハーブソルトとしょうゆとてんさい糖をふってからめる。

ごぼうのはちみつバターソテー

はちみつとバター、そしてピーナッツクリームが思いのほか、ごぼうと好相性。

◎保存
冷蔵で3日間

・うずらハット弁当（P.13）
・手毬むすびの籠ランチ（P.67）

材料（作りやすい分量）

ごぼう … 150g（約3/4本）
バター … 大さじ1（12g）
はちみつ … 大さじ1
しょうゆ … 大さじ1/2
白ごま … 小さじ1
ピーナッツクリーム … 小さじ2

作り方

1 ごぼうは泥を洗い流したらやや厚めのささがきにする。水にさらさずそのまま耐熱ボウルに入れ、軽くラップをしたら電子レンジで約2分加熱する。加熱後、ペーパータオルでごぼうの余分な水分を拭き取る。

2 フライパンにバター、はちみつ、**1**を入れてから中火にかけ、全体を混ぜながらバターを溶かし、ジューっと音がしてきたらさらに2分ほど炒める。

3 **2**へしょうゆを加えて3分ほど炒め合わせ、火を止めて仕上げにピーナッツクリームをあえて白ごまをふる。

◎保存
冷蔵で3日間

・れんこんハット弁当（P.17）
・横向き坊っちゃん弁当（P.43）他

ごぼうのクリームチーズあえ

香り高いごぼうにクリームチーズとおかかでパンチをプラス！　止まらぬ美味しさ。

材料（作りやすい分量）

ごぼう … 100g（約1/2本）
A クリームチーズ … 40g
　かつおぶし … 10g
　自家製白だし（P.117）
　　… 小さじ1と1/2
　しょうゆ … 小さじ1
ごま油 … 小さじ2

作り方

1 ボウルに**A**を入れてスプーンで練って混ぜる。ごぼうは3mm厚さのささがきにする（水にはさらさない）。

2 熱したフライパンにごま油をひき、ごぼうを全体に並べ、ときどき返しながら中火で約8分炒めて火を止める。ごぼうが熱いうちに**A**とあえる。

◎保存
冷蔵で3日間

3つの根菜のきんぴら

3種の根菜を使って食感まで楽しむおかず。
体を温める野菜がたっぷりなので冷え性の方に特におすすめ。

●金髪めがねさん弁当（P.45）

材料（作りやすい分量）

ごぼう … 100g（約1/2本）
にんじん … 100g（約1/2本）
れんこん … 100g（約1/2節）
ごま油 … 大さじ1
A みりん … 大さじ3
　自家製白だし（P.117）… 大さじ2
　水 … 大さじ2
　てんさい糖 … 大さじ1
　しょうゆ … 小さじ2
ごま油（仕上げ用）… 小さじ1
白ごま … 大さじ1

作り方

1 **A**を混ぜておく。ごぼうとにんじん、れんこんをよく洗い、ごぼうとにんじんは皮付きのまま約3mmの細切りに、れんこんも皮つきのまま約2mmの薄切りにする（いずれも水にさらさない）。

2 フライパンを熱し、ごま油をひいて**1**を中火で約5分炒めたら、**A**を加えて汁けがなくなるまで8分ほど炒め煮にする。

3 **2**の火を止めて、仕上げ用のごま油と白ごまを混ぜる。

れんこんチップ

密閉容器に入れておけば3日たってもカリカリに！ おやつにもどうぞ。

保存 冷蔵で3日間

材料（作りやすい分量）

れんこん … 100g（約1/2節）
片栗粉 … 大さじ2
揚げ油 … 適量
塩 … 適量

作り方

1 れんこんは皮つきのまま1mm厚さの薄切りにし、水などにさらさずそのままポリ袋に入れる。

2 **1**へ片栗粉を入れ、空気を入れて袋をふくらませたらシャカシャカふってまんべんなく粉をまぶす。

3 180℃に熱した揚げ油で**2**を2～3分揚げ、仕上げに塩をふる。

●ちぎりひげのアフロおじさん弁当（P.42）
●昆布にいさん弁当（P.47）

れんこんの甘酢漬け

自家製白だしで底味をつけてゆずの香りで味わい華やかに。

保存 冷蔵で1週間

材料（作りやすい分量）

れんこん … 100g（約1/2節）
A 酢 … 大さじ2
自家製白だし（P.117） … 大さじ1
てんさい糖 … 小さじ2
ゆずの皮 … 適量
※冷凍しておくと便利（P.40）

作り方

1 れんこんは約3～4mmの輪切りにし、酢水（分量外）につける（ここでは花形の飾り切りにしている）。

2 水けをきった**1**を熱湯で2分ゆで、ザルにあげたらよく水けを拭いて、混ぜた**A**に漬け込む。ときどき上下を返す。

●れんこんハット弁当（P.17）
●黒豆ヘアのおばさん弁当（P.46）他

赤玉ねぎのさっぱりマリネ

お弁当の彩り部隊の一員として大活躍のきれいなマリネ。
口の中をさっぱりさせる箸休めの副菜としても欠かせない一品。

材料（作りやすい分量）

赤玉ねぎ … 100g（約1/2個）
A 白ワインビネガー … 大さじ2
はちみつ … 大さじ1
レモン果汁 … 小さじ2（約1/4個分）
黒こしょう … 適宜

作り方

1 赤玉ねぎを薄くスライスして、辛さをやわらげるため、広めの皿に広げ30分〜1時間、空気にさらす（急ぐときは電子レンジ（600W）で、ラップはかけずに1分温める）。

2 よく混ぜた**A**に**1**を漬け、冷蔵庫で冷やす。途中しんなりしてきたら混ぜ返して味をなじませる。

●おひるね弁当（P.12）
●ファイト弁当（P.14）
●ウインクおじさん弁当（P.44）
●金髪めがねさん弁当（P.45）

◎保存
冷蔵で
1週間

•赤鼻むすび弁当（P.16）
•れんこんハット弁当（P.17）
•ちぎりひげのアフロおじさん弁当（P.42）他
保存
冷蔵で
5日間

紫キャベツのマリネ

彩りに困ったときに頼る一品！
ローリエを添えると洗練された味に。

材料（作りやすい分量）

紫キャベツ … 芯つきで250g（約1/4個）
塩 … 小さじ1
A 白ワインビネガー … 大さじ1
　はちみつ… 大さじ1
　レモン果汁 … 小さじ2（約1/4個分）
アマニ油（または好みの油）… 大さじ1/2
黒こしょう … 適量
（あれば）ローリエ … 1枚

作り方

1 紫キャベツは芯ぎりぎりまでスライサーでスライスし、全体によく塩もみした後5分おき、水洗いし、力いっぱいしぼる。

2 よく混ぜた**A**と**1**を混ぜ合わせ、仕上げにアマニ油と黒こしょうをあえる。あればローリエを添える。

•うずらハット弁当（P.13）
•手毬むすびの籠ランチ（P.67）
保存
冷蔵で
5日間

紫キャベツのナムル

自家製白だしとごま油の風味が相性抜群。
やみつきになる美味しさです。

材料（作りやすい分量）

紫キャベツ … 芯つきで250g（約1/4個）
塩 … 小さじ1
A 酢 … 大さじ1
　自家製白だし（P.117）… 大さじ2
ごま油 … 大さじ1/2

作り方

1 紫キャベツは芯ぎりぎりまでスライサーでスライスし、全体によく塩もみした後5分おき、水洗いし、力いっぱいしぼる。

2 よく混ぜた**A**と**1**を混ぜ合わせ、仕上げにごま油をあえる。

みょうがの酢漬け

お口直しにうれしい小さな一品。
難しいことなし。混ぜて漬けるだけ。

●れんこんハット弁当（P.17）
●だるまプレート（P.66）

保存
冷蔵で1週間

材料（3個分）

みょうが … 3個
A 酢 … 大さじ2
自家製白だし（P.117）… 大さじ1
てんさい糖 … 小さじ2

作り方

みょうがを縦半分に切り、よく混ぜた**A**に入れて1日以上おく。

プチトマトの皮付きマリネ

保存
冷蔵で3日間

かわいいプチトマトは副菜の王道。
ミントを添えると爽快感もアップ。

材料（12個分）

プチトマト … 12個
A はちみつ … 大さじ1
レモン果汁 … 小さじ1/2
黒こしょう … 適宜
ミントの葉 … 適量

作り方

1 プチトマトはヘタを除き、つまようじで全体にできるだけたくさん（20カ所程度）穴を開ける。

2 よく混ぜた**A**に**1**を入れてミントの葉を添え、1日以上おく（ときどき、容器を揺らすとよい）。

●昆布にいさん弁当（P.47）

飾りにんじんと大根の甘酢漬け

白だしベースの甘酢に
ゆずの皮を散らして。

- うずらハット弁当（P.13）
- 赤鼻むすび弁当（P.16）
- れんこんハット弁当（P.17）
- ちぎりひげのアフロおじさん弁当（P.42）
- 横向き坊っちゃん（P.43）他

材料（直径3cmの花型各10個分）

にんじん … 約7cm
大根 … 約3cm
A 酢 … 大さじ2
　自家製白だし（P.117）… 大さじ1
　てんさい糖 … 小さじ2
　ゆずの皮 … 適量

※冷凍しておくと便利（P.40）

作り方

1 にんじんと大根は約7mmの輪切りにし、花型で抜いたら、花びらと花びらの間に切り込みを入れ、花びらの中央から切り込みに向かって斜めに包丁を入れて飾り切りにする。

2 よく混ぜた**A**に**1**を入れて1日以上おく。

◎保存 冷蔵で1週間

飾りにんじんと大根、かぼちゃのグラッセ

バターと鶏ガラスープでこっくり仕上げた
少し甘い副菜は、あるとホッとするミニおかず。

- おひるね弁当（P.12）
- ファイト弁当（P.14）
- ウインクおじさん弁当（P.44）他

材料（直径3cmの花型各5個分）

にんじん … 約5cm
大根 … 約2cm
かぼちゃ … 約1cm
A 水 … 大さじ1
　バター … 3g
　てんさい糖 … 小さじ2
　鶏がらスープ（顆粒、化学調味料無添加）… 小さじ1/2

作り方

1 野菜は約1cmの厚さに切り、花型で抜いたら、花びらと花びらの間に切り込みを入れ、花びらの中央から切り込みに向かって斜めに包丁を入れ飾り切りにする。

2 少し深めの耐熱ボウルに**1**と**A**を入れ、ふんわりラップをして電子レンジで約2分様子を見ながら加熱する。

◎保存 冷蔵で3日間

豆腐の彩り白玉団子

◎保存 冷凍で1ヶ月

おだんごさん弁当（P.15）
ウインクおじさん弁当（P.44）

野菜パウダーやごまを白玉粉と混ぜた
もっちもちのお団子は「のほほん弁当」に
欠かせないミニおかず！

かぼちゃ　ほうれん草　黒ごま　にんじん　紫いも

材料（2cm×約20個分）

白玉粉 … 40g
絹ごし豆腐 … 50g
パウダー（かぼちゃ、ほうれん草、にんじん、紫いもなど）
　…（好みのもの）小さじ1
※黒ごまの場合は大さじ1

作り方

1 ボウルに白玉粉と好みのパウダー、または黒ごまを入れて泡立て器で混ぜ（**a**）、絹ごし豆腐を加えて（豆腐の水きりはしなくてOK）、耳たぶ程度のかたさになるまで練る（**b**）。

2 **1**を2cmほどの団子状にし、沸騰した湯に入れる。浮いてきて1分ほどしたら取り出して（**c**）冷水に取る（**d**）。

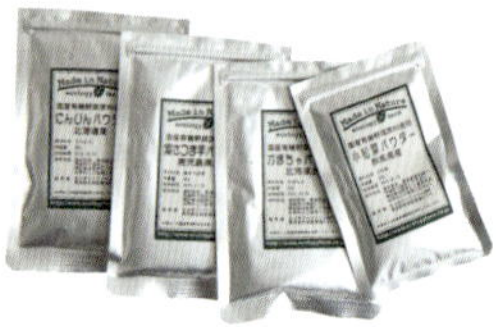

「野菜パウダー」はネットショップや自然食品店で購入可。お団子保存は冷凍で。

※食べるときは自然解凍で。急ぐときはレンジで少し温める。
※冷蔵で自然解凍すると固くなることも。

味たま

自家製めんつゆさえあれば手間いらず。
登場回数も多い一品。

◎保存
冷蔵で**3**日間

- おだんごさん弁当（P.15）
- れんこんハット弁当（P.17）
- 金髪めがねさん弁当（P.45）
- 黒豆ヘアのおばさん弁当（P.46）他

材料（作りやすい分量）

卵 … 2〜4個
自家製めんつゆ（P.116）… 大さじ2
水 … 大さじ1

作り方

卵は沸騰した湯に入れて7分ゆでたら冷水に取って冷ます。保存袋に殻をむいたゆで卵を入れ上から自家製めんつゆと水を注ぎ1日以上おきときどき転がす。
※漬け汁の量は卵が半分つかるくらい。

花たまご

これは作りおきおかずではないのですが、作り方を知っておくと重宝するので、ご紹介します。

- うずらハット弁当（P.13）
- 横向き坊っちゃん弁当（P.43）
- だるまプレート（P.66）他

材料（4個分）

卵 … 1個
塩 … 少々

作り方

1. ボウルに卵と塩を入れて溶きほぐし、熱した卵焼き器に半量流し入れ薄焼き卵を作る。残りも同様に。
2. まな板の上に広げ1枚を2等分し（**a**）、長い辺を向こう側に折り畳み、手前の輪の部分に2cm程度の切り込みを入れる（**b**）。端から巻いていく（**c**・**d**）。

自家製調味料

添加物や化学調味料はなるべく使いたくないので、めんつゆや白だし、マヨネーズやドレッシングは手作りしています。

※だしパックのだしガラはふりかけに、昆布は冷凍保存し、まとめて佃煮にして再利用。

自家製めんつゆ（約3倍濃縮）

たびたび登場する「自家製めんつゆ」。我が家では常備しています。料理がサッと作れてしまう優れものです。

◎保存 冷蔵で10日間

材料（約200mℓ分）

みりん … 150mℓ

A かつおだしパック（天然100%のもの）…2袋（1袋約9g入り）
しょうゆ … 150mℓ
てんさい糖 … 大さじ2
昆布 … 10cm角×1枚

作り方

1 鍋にみりんを入れ、中火で2分沸騰させてアルコールを飛ばす。

2 **1**を弱火にして**A**を加え、10分煮出す。

3 **2**の火を止めてそのまま冷ましたら、だしパックをぎゅっとしぼり、昆布とともに取り出す。

※ かつおだしパックは市販のもので、塩と調味料無添加のものを使用。他魚混合ではなく、かつおだけのものが、味がすっきりするのでおすすめ。

自家製ふりかけ

◎保存期間 **3～5日間**

「自家製めんつゆ」のだしがらでふりかけを作ります。電子レンジで水分を飛ばすのがコツです。

memo

大きめのフライパンで作ると炒りやすく水分が飛びやすい。ここでは直径28cmのフッ素樹脂加工のフライパンを使用。

梅と大葉のしっとりふりかけ

材料（作りやすい分量）

自家製めんつゆのだしガラ … 2袋分

A 梅肉 … 5g（細かく刻む）
大葉 … 1～2枚（細切り）
白ごま … 大さじ1

作り方

1 広めの耐熱皿に、だしガラを取り出して薄く広げ、ラップはせずに約20秒電子レンジで加熱する。

2 フライパンに**1**を入れて中火にかけ、焦げつかないように手早く約2分炒め、弱火にして約3分炒めたら火を止める。

3 **2**へ**A**を入れて混ぜ合わせる。

自家製白だし（約7倍濃縮）

本書の煮物やあえもの、卵焼きにたびたび使っていますが、そのほかお吸い物や、おでん、酢の物にも使えます。

◎保存
冷蔵で10日間

材料（約180mℓ分）

酒 … 100mℓ
みりん … 100mℓ
A かつおだしパック
　（天然100%のもの）
　　… 2袋（1袋約9g入り）
　水 … 100mℓ
　塩 … 大さじ1
　てんさい糖 … 小さじ2
　昆布 … 10cm角×1枚
　薄口しょうゆ … 大さじ2

作り方

1 鍋に酒とみりんを入れ、中火で3分沸騰させてアルコールを飛ばす。

2 **1**を弱火にして**A**を加え、10分煮出す。

3 **2**の火を止めてそのまま冷ましたら、だしパックをぎゅっとしぼり、昆布とともに取り出す。

自家製ふりかけ

◎保存期間 **3～5**日間

「自家製白だし」に使っただしがらを再利用してふりかけに。栄養を余すところなく、美味しくいただいてしまいましょう。

memo
大きめのフライパンで作ると炒りやすく水分が飛びやすい。ここでは直径28cmのフッ素樹脂加工のフライパンを使用。

桜えびのゆず風味ふりかけ

材料（作りやすい分量）

自家製白だしの
　だしガラ … 2袋分
A 桜エビ … 大さじ2
　白ごま … 大さじ1
　ゆずの皮 … 適量

スパイシーカレーふりかけ

材料（作りやすい分量）

自家製白だしの
　だしガラ … 2袋分
A カレー粉 … 小さじ1
　白ごま … 大さじ1
　クミンシード … 小さじ1

作り方

1 フライパンに袋から出しただしガラを入れ、中火にかけて焦げつかないように手早く約2分炒め、弱火にして約3分炒めたら火を止める。

2 **1**へ**A**を入れて混ぜ合わせる。

自家製マヨネーズ

◎保存 冷蔵で**5**日間

まろやかで美味しい手作りマヨネーズ。黒こしょうやガーリックと組み合わせても。

材料（約200mℓ分）

A 卵黄（常温にもどす）… 1個
白ワインビネガー … 大さじ1
練りからし… 小さじ1/4
塩 … 小さじ1/4
はちみつ … 小さじ1
レモン果汁 … 小さじ1

アマニ油（または好みの油）… 160mℓ

作り方

1 **A**をフードプロセッサーかハンディブレンダーで30秒ほど混ぜる。

2 **1**へアマニ油を少量ずつ加えながら、そのつどよく混ぜる。ツノが立つくらいになれば完成。

自家製タルタルソース

◎保存 冷蔵で**3**日間

揚げ物やサラダに。冷蔵庫で少し寝かせておくと味が馴染んで美味しくなります。

材料（約300mℓ分）

自家製マヨネーズ … 100mℓ
ゆで卵 … 2個
玉ねぎ … 50g（1/4個）

A 白ワインビネガー … 小さじ1
パセリ（みじん切り）… 10g
塩・黒こしょう・てんさい糖 … 各少々

作り方

ゆで卵と玉ねぎをみじん切りにし、自家製マヨネーズと**A**とよく混ぜ合わせる。

memo

・マヨネーズを作るとき、油は必ず3回以上に分けて混ぜること！ 一気に混ぜるといくら混ぜても乳化しません。

・違う油同士を混ぜると（例えば、菜種油＋アマニ油など）うまく乳化しないことがあります。

自家製ドレッシング3種

和風ドレッシング

おひたしや冷や奴などにも
幅広く使えて便利!

材料（約100mℓ分）

水 … 大さじ3
自家製めんつゆ
　… 大さじ2
酢 … 大さじ1
アマニ油（または好みの油）
　… 大さじ1
大葉（みじん切り）… 3枚分
わさび（チューブ）
　… 約3cm分（好みの分量）
白ごま … 大さじ1

作り方

すべての材料を混ぜ合わせる。

韓国風ドレッシング

ピリリと美味しい。
野菜ソテーにも!

材料（約100mℓ分）

水 … 大さじ3
自家製めんつゆ
　… 大さじ2
酢 … 大さじ1
ごま油 … 大さじ1
コチュジャン … 小さじ1
しょうがのすりおろし… 5g
白ごま … 小さじ1
七味唐辛子（またはラー油）
　… 少々

作り方

すべての材料を混ぜ合わせる。

クリーミードレッシング

野菜はもちろん、
お肉料理のソースにも!

材料（約100mℓ分）

玉ねぎのすりおろし
　… 20g（好みの分量）
A プレーンヨーグルト
　… 大さじ3
自家製マヨネーズ
　… 大さじ2
アマニ油（または好みの油）
　… 大さじ1
はちみつ
　… 小さじ1と1/2
レモン果汁 … 小さじ1
パセリのみじん切り
　… 5g（好みの分量）
黒こしょう … 少々

作り方

玉ねぎのすりおろしと **A** をよく混ぜ合わせる。

この本で使った
基本の調味料とお米

料理の基本、ひいては家族の健康の基本となる調味料は、なるべく自然な環境で作られているものを選ぶことを心がけています。

※どれも大手スーパーや、自然食品店、ネットショップなどで購入可能です。

塩

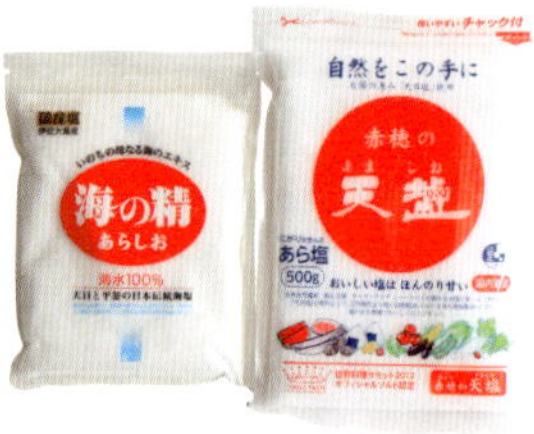

(右)赤穂の天塩(株式会社天塩)、(左)海の精(海の精株式会社)。天然塩で、旨みがありミネラルも豊富なので使用しています。調理には「海の精」、塩もみや塩ゆでには「赤穂の天塩」というように使い分けています。

しょうゆ

(右)寺岡家の有機醤油淡口、(左)寺岡家の有機醤油濃口(寺岡有機醸造株式会社)。農薬や化学肥料などに頼らず生産されています。旨みがあり香りが良いのも気に入っている点。淡口(薄口)は自家製白だしを作るときに主に使用しています。

甘味料

てんさい含蜜糖・粉末(ムソー株式会社)。砂糖大根の根を原料に作られた甘味料です。さっと溶けて使いやすく、まろやかで優しい甘み。オリゴ糖が含有されているのでお腹にも優しいんです。お菓子を作るときにも使っています。

お米

我が家は、合鴨農法で作られた無農薬米を食べています。普段は7分づきで、ときどき5分づきにしたり玄米にしたりします。もちもちでとっても美味しいんです。

お手軽だしのもと

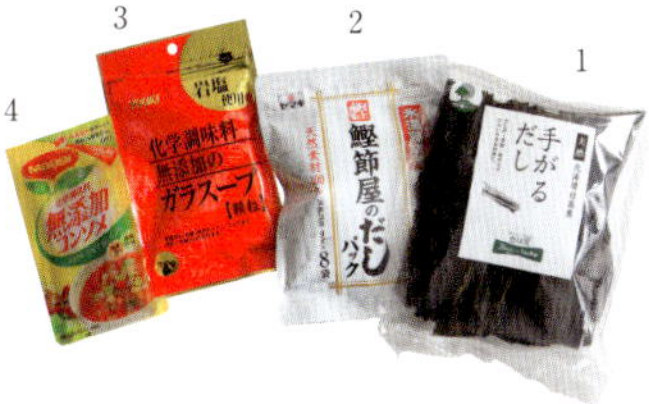

1. 手がるだし（翁水産株式会社）。だしをとったあと佃煮にしても美味しいんです。ただ、昆布はあれこれ試している最中でもあります。

2. 鰹節屋のだしパック（ヤマキ株式会社）。自家製だしを作るときに使用。天然素材100%で香りがいいんです。

3. 化学調味料無添加のガラスープ（ユウキ食品株式会社）。中華風のものを作るときにはこれ。化学調味料は使われていません。

4. 化学調味料無添加コンソメ（ネスレ日本株式会社）。スープやトマトソースを作るときなどに使います。素材を生かす優しい味になるところがお気に入りです。

油

1. 湯洗い製法一番絞りごま油（株式会社山田製油）。焙煎、圧搾、湯洗い、静置、精製と、昔ながらの製法で1カ月かけて丁寧に作られ、搾るのも1度だけという贅沢なごま油。香ばしく香り豊かで、絶対これと決めています。

2. アマニ油（日本製粉株式会社）。細胞の正しい機能に不可欠と言われているオメガ3脂肪酸が豊富です。火を通さずそのままかけたり、あえたりするときなどによく使用します。自家製マヨネーズやドレッシングにも。

3. 有機エキストラ・ヴァージン・オリーブオイル ドルチェ（日仏貿易株式会社）。洋食の仕上げにサッとかけるのに使っています。

4. 一番しぼりなたねサラダ油（米澤製油株式会社）。クセがなくコレステロールもゼロ。炒めたり、揚げたり、お菓子作りなどにも幅広く使用しています。

あると便利なお気に入りの調味料

1. 海の精 ハーブソルト（海の精株式会社）。ひとふりするだけで味が洗練されるのでかなりのお気に入り。野菜のソテーなどによく使います。

2. フライドガーリックフレーク（有限会社信州自然王国）。完成した料理にふりかけるだけで本格的なにんにくが味わえます。にんにくを刻んで炒める手間が省けるのでかなり重宝しています。

3. 百花の蜂蜜（ハチミツの藤田）。ニホンミツバチから採られた貴重なもの。また複数の花と場所から採蜜された珍しいものでもあり、味わいは複雑で深みがあります。

4. すだちぽん酢（マルカン酢株式会社）。うま味調味料（アミノ酸等）に頼らずに作られているので気に入っています。すだちたっぷりの美味しさ。

かるた弁当

2015年の6月にInstagramers Japanさんからイベントのお声がけをしていただき、photobackで写真集を作成し展示販売するという企画にも思いきって参加しました。そのとき作ったのが、かるたをイメージした「かるた弁当」の本です。後に、この本を購入された編集者からご連絡頂き、お弁当の本を出すことが決まったのです。あのとき思いきってよかったなと思います。私を、本を出すという夢に導いてくれた「かるた弁当」たちを並べてみました。

あめ玉

いちご

うーぱーるーぱー

えかきうた

おに

かもめ

キャンドル

くちびる

けんさ

コーヒー豆

さむらい

しか

すずめ

せんべい

そっくりさん

たこ

ちょびひげ

つばめのこ

てかがみ

とこや

ならの大仏

にゃんこ

ぬの

ねぐせ

のりまき

はな畑

ひつじ

ふくろう

へのへのもへじ

ホットケーキ

マトリョーシカ

ミシン

ムンクの叫び

めがね

ももの節句

やぎ

ゆうれい

ヨガ

ラッコ

りょうり

ル・クルーゼ

レモネード

ろば

わなげ

笑顔を・ありがとう

桜まん・かい

おわりに

おかげさまで、とても楽しいクスリと笑える本ができたと思います。

ただ日々の料理やお弁当を作るにあたり「楽しい」だけではなく、心がけていることがあるのです。それは、栄養面はもちろんのこと、食材選び。

なるべく自然な環境で育ったもの、無農薬・無添加のものを取り入れています。ですが「絶対にこうでなくちゃ！」というガチガチな考えでもありません。いつも手に入るとも限りませんし、その場合は臨機応変に対応しています。極力、自分で気をつけながら無理せずに楽しく、1つでも多くの身体に優しい食品・食材選びができればいいと思っています。味付けも素材の味を極力活かすようにして。

今回、この本でご紹介している「作りおきおかず」では、自然のうまみをひきだす調味料で、食材が持つ素朴な美味しさが伝わるようなレシピを考案してみました。

お弁当のおかずだけではなく、夜ごはんや、おつまみにもおすすめです。

料理は少し苦手という方は、まずはとても簡単な自家製白だし作りから始めてみていただけたら、と思います。

４月から高校生になる娘の、現在の将来の夢は管理栄養士だとか。理由は「生きていくのに大切なことだから」と。「ああ、毎日のお弁当や料理を通して伝えたかったことが、ちゃんと伝わっているのかな」と思って、胸が熱くなりました。

最後に、改めましてインスタグラムから応援してくださった皆さんに心から感謝いたします。

少しでも、暮らしのヒントにしていただけたら幸せです。

こころのたね。yasuyo

こころのたね。yasuyo

ナチュラルフードコーディネーター＆手作り小物作家。京都在住。ホームページ「こころのたね。」でオリジナルの布小物やペアなどを販売。「@kokoronotane」のインスタグラムでは、わっぱ弁当を中心とした身体に優しくて見て楽しいお弁当や料理を紹介。ユニークでゆるいなごみ系おにぎりも話題となる。フォロワー数は約8万人（2016年3月現在）。

デザイン	髙橋朱里
	菅谷真理子（マルサンカク）
撮影	石川奈都子
編集	斯波朝子（オフィスCuddle）
校正	久保愛
	聚珍社

笑えておいしい、カンタン作りおき！ のほほん曲げわっぱ弁当

NDC596

2016年3月24日　発行
2021年3月1日　第4刷

著　者　こころのたね。yasuyo
発行者　小川雄一
発行所　株式会社誠文堂新光社
〒113-0033　東京都文京区本郷3-3-11
https://www.seibundo-shinkosha.net/
［編集］03-5800-3614　［販売］03-5800-5780

印刷・製本　図書印刷株式会社

©2016, kokoronotane yasuyo.
Printed in Japan　検印省略　禁・無断転載
落丁・乱丁本はお取り替え致します。

本書のコピー、スキャン、デジタル化等の無断複製は、著作権法上での例外を除き、禁じられています。本書を代行業者等の第三者に依頼してスキャンやデジタル化することは、たとえ個人や家庭内での利用であっても著作権法上認められません。

本書に掲載された記事の著作権は著者に帰属します。これらを無断で使用し、展示・販売・レンタル・講習会等を行うことを禁じます。

JCOPY〈（社）出版者著作権管理機構 委託出版物〉
本書を無断で複製複写（コピー）することは、著作権法上での例外を除き、禁じられています。本書をコピーされる場合は、そのつど事前に、（社）出版者著作権管理機構（電話03-5244-5088/FAX03-5244-5089/e-mail:info@jcopy.or.jp）の許諾を得てください。

ISBN978-4-416-61686-4